심훈 교수의 新일본견문록

역지사지 일본

이 도서의 국립중앙도서관 출판예정도서목록(CIP)은 서지정보유통지원시스템 홈페이지(http://seoji.nl.go.kr)와 국가자료공동목록시스템(http://www.nl.go.kr/kolisnet)에서 이용하실 수 있습니다. CIP제어번호: CIP2018020732(양장), CIP2018020733(반양장)

심훈 교수의 新 일본견문록

역지사지
일본

여는 글

언젠가 일본에 대해 집사람과 나눈 대화.

필자: "한국과 일본은 문화와 생활방식이 달라도 너무 다르지?"

아내: "맞아. 그런데 왜 그렇게 다른 걸까?"

필자: "그러게 말야. 그렇다고 반드시 같아야만 되는 것도 아니잖아?"

아내: "하지만 어순語順이 같잖아. 유교와 불교 문화도 공유하고 있고. 더군다나
　　　생김새도 비슷하니."

필자: "그렇게 따지면 영국, 프랑스, 독일 역시 모두 같아야 되는 것 아닐까? 알파
　　　벳 문자에 기독교 문화를 공유하는데다 생김새도 비슷하잖아."

아내: "그렇긴 하네."

　　프랑스의 E. 레비나스Emmanuel Levinas는 '사회존재론'을 통해 타자他者에
관한 물음을 던진 철학자로 유명하다. 그가 들여다 본 서양 철학사는 한마
디로 타자에 대한 원초적 거부 반응의 역사였다. 역지사지易地思之라는 고사

성어가 낯설게만 느껴지는 자기중심적 역사가 곧 서양사인 셈이다. 그리하여 레비나스의 입장에선 문학 이론가 에드워드 사이드가 주창했던 '오리엔탈리즘'이 특별하지도, 창의적이지도 않은, 사실 그대로의 이념일 뿐이다. 참고로 에드워드 사이드의 '오리엔탈리즘'이란 동양을 신비롭지만 봉건적이며 불합리한 대상이라 보는 서양 중심적 사고방식이다.

　동양은 이러한 타자화에 있어 예외로 치부될 수 있을까? 근대 들어 서양의 공격적인 접근이 수반되긴 했어도 동아시아 역시, 존왕양이尊王攘夷와 위정척사衛正斥邪의 정신으로 서양을 경멸하고 배척했다. 존양왕이란 임금을 숭상하고 오랑캐를 물리친다는 뜻이며, 위정척사는 성리학 이외의 모든 종교와 사상을 배척하는 것이다. 말하자면, 타자화는 서양뿐 아니라 동양에도 통용되는 현상이었던 것이다.

　타자화는 동양과 서양이라는 큰 범주에서뿐만 아니라 국가와 국가, 문화와 문화, 공동체와 공동체 사이에서도 그대로 적용될 수 있다. 이러한 타자화는 특히, 한국과 일본, 한국인과 일본인, 한국 문화와 일본 문화를 비교할 때 가장 극명하게 드러난다는 생각이다. 시중에 넘쳐나는 일본 관련 서적들은 대부분 열도列島의 타자성을 다양하고 깊이 있게 논하고 있다. 이 책의 1편에 해당하는 『일본을 보면 한국이 보인다』 역시, 타자성을 지적하는 대열에 합류해 있음은 물론이고. 하지만, 일본이라는 타자성에 대해 넘쳐나는 언급은 냉정하게 따져볼 경우, '도대체 왜 같아야 하는데?'라는 의문을 불러일으킬 수도 있다.

　모르긴 해도, 한국과 일본의 모든 것이 비슷해야 한다고 생각하는 가장 큰 이유로는 언어를 꼽아볼 수 있을 것이다. 기본적으로 한자 중심의 기록 문화에 어순語順마저 같으니 가치관과 풍습이 다르다는 현실은 선뜻 받아들여지기가 쉽지 않다. 거기에 하나 더 덧붙이자면, 우리 이웃에 위치해 있으면서 다방면에 걸쳐 많은 영향을 받았기에 일본인들은 우리와 닮아야 한다는 민족적, 역사적, 문화적 우월감도 부지불식간에 작용하고 있을지 모를 일이다.

필자는 타자성 언급에 주안점을 둔 여타 일본 관련 서적들과 달리, 동질성을 띨 이유가 별로 없는 이웃 나라의 모습을 지리적, 역사적, 문화적인 시각에서 풀어보고자 한다. 아이러니컬한 한 사실은 일본인을 제대로 이해하기 위해 우리들 자신에 대한 이해 역시, 병행되어야 한다는 것이다. 모든 면에서 자신과 상당히 다른 동생을 이해하기 위해서는 자신의 특성을 제대로 파악해야 하는 것처럼.

본 책은 1편과 마찬가지로 크게 하늘天과 땅地, 그리고 사람人의 세 단원으로 구성되어 있다. 1편에서도 언급한 바 있지만, 자고로 동아시아에선 예로부터 천天, 지地, 인人의 세 가지 기운이 한데 어울려 사람을 만든다고 보았다. 이름하여 삼재三才 사상이 그것이다. 필자는 옛 선조들의 가르침을 바탕으로 우리네와 달리 범상치 않은 하늘과 땅, 그리고 사람들을 가졌던 일본의 타자성을 삼재 사상에 기대어 적어 보았다.

'하늘'에 해당하는 1부에서는 예전에 못 다한 이야기들을 모아, 벼락과 돌풍, 속담과 일기 예보에 관한 자료들을 통해 일본의 하늘을 살펴보고 있다. 2부인 '땅'에서는 꽃과 나무, 해안선에 대한 이야기를 소재로 열도의 현실을 조명하고 있다. 마지막으로 3부인 '사람' 편에서는 민속지학적인 시각에서 일본인들의 과거와 현재, 그리고 미래를 다층적으로 살피고 있다.

덧붙이자면, 이 책에 나오는 각각의 장들은 2009년 10월부터 2011년 4월까지 약 1년 7개월에 걸쳐 세계일보에 연재했던 칼럼들을 모아 다시 가다듬은 것들이다. 당시, 지면의 제약으로 미처 담지 못했던 낙수落穗들과 함께 소개하고 싶었던 관련 사진들도 좀더 추가함으로써 가급적 많은 이야기들을 다루고자 했다.

끝으로 이 책의 탄생에 결정적인 역할을 해 주신 도서출판 한울의 박행웅 고문님과 필자 이상의 열정으로 책 곳곳에서 넘실댔던 오류들을 바로잡고 예리한 도움말을 건네주며 편집자로서의 본분을 200% 발휘한 조수임 선생님, 그리고 이 모든 과정을 흔들림 없이 주재한 윤순현 차장님께 이 자리를 빌어 심심한 사의를 표한다.

2018년 여름
심훈

차 례

최첨단 문명을 자랑하는 일본에서 아직껏 기독교
나 불교보다 신도가 맹위를 떨치는 이유는 당연할
수밖에 없다는 생각이다. 지진과 화산, 쓰나미와
태풍에다 벼락까지 난무하는 열도에서 일본인들이
가장 필요로 했던 것은 이승에서의 안녕이지 저승
에서의 행복이 아니었다.

てん

天

하늘

01
배꼽
벼락
이야기

"벼락이 네 배꼽을 노리고 있으니 배를 꽁꽁 감싸라."

일본인이라면 누구나 어렸을 때 어른들로부터 한 번쯤은 들어본 이야기. 벼락은 윗도리를 제대로 걸치지 않은 아이들의 배꼽 위에 떨어지니 날이 수상한 것 같으면 옷을 제대로 입어서 배꼽을 감추라는 섬나라 생존 지침이다. '벼락감투', '벼락공부'처럼 빠른 것의 대명사로 일컬어지는 게 우리네 벼락인데 일본의 벼락은 아이들의 배꼽을 노리는 잔인한 자연재해였던 것이다.

불, 지진, 아버지와 함께 일본인들이 가장 두려워하는 대상, 벼락. 그런 벼락은 특히, 온 나라를 할퀴고 지나가거나 호우가 쏟아지곤 하는 여름의 열도 하늘을 태고부터 지배해온 폭군이었다.

돌이켜보면 제2차 세계대전이 막바지에 이르던 지난 1945년, 호주의 어느 신문에는 20세기 들어서도 일본인들이 천둥소리를 신의 목소리라고 믿고 있다는 기사가 실린 바 있다. 그렇다고 이런 믿음이 70여 년 전 과거의 일이라고 치부置簿*할 수는 없다. 지금도 벼락 신이 아이들의 배꼽을 노린다고 믿으며 곳곳에서 근심 어린 눈초리로 여름 하늘을 올려다보고 있는 이들이 열도인들인 까닭에서다.

고대의 일본인들은 구름 위의 벼락 신들이 일제히 큰 북을 울리며 번개를 지상에 내리 꽂는다고 생각했다. 천둥, 번개가 치

벼락 신이 아이들의 배꼽을 노린다는 NHK 교육 방송의 한 장면. 배꼽을 의미하는 한자어 '제(臍)'가 등장인물들 뒤에 보이는 가운데 벼락 신이 번개를 일으키며 배꼽을 드러낸 이들에게 다가가고 있다.

는 날이면 비구름이 어김없이 몰려와 무더운 여름날의 기온을 뚝 떨어뜨리곤 했다. 이때 발가벗고 바깥에서 뛰놀던 아이들은 배탈 날 가능성이 높았을 테니, 벼락이 아이들의 배꼽을 노린다는 속담은 뭐라도 배에 덮음으로써 아이들의 배앓이를 미연에 방지하기 위해 탄생되지 않았을까 추측된다. 이 속담에 대해 자세를 높이 하면 번개에 맞기 쉬우므로 몸을 낮추고 다니라는 의미로 해석하는 시각도 있다. 배꼽을 감추는 가장 좋은 방법이 허리를 구부리는 낮은 자세인 이유에서다.

하지만 그 기원이 어디에 있든 간에 중요한 사실은 예로부터 열도의 벼락이 다른 나라의 벼락처럼 평범하지는 않았다는 것이다. 인터넷을 뒤져보니, 배꼽을 노린다는 벼락 신은 8세기 초에 발간된 일본의 『고지키』古事記에 이미 등장한다. 일본에서 가장 오래된 신화와 전설을 기록한 것이

---

* 원래는 '금전이나 물건 따위가 들어오고 나감을 기록함'을 뜻하나, '마음속으로 그러하다고 보거나 여기다'라는 뜻으로 더욱 많이 쓰인다.

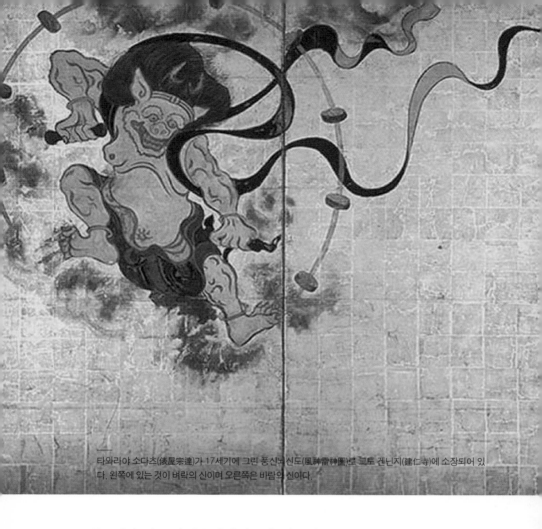

타와라야 소다츠(俵屋宗達)가 17세기에 그린 풍신뇌신도(風神雷神圖)로 교토 겐닌지(建仁寺)에 소장되어 있다. 왼쪽에 있는 것이 벼락의 신이며 오른쪽은 바람의 신이다.

『고지키』라는 사실을 감안해보면, 열도인들의 배꼽을 노리는 무서운 벼락은 이미 1300년 전부터 이 땅의 사악한 무대장치로 경계돼왔던 셈이다.

1001개의 관음상으로 유명한 교토京都의 산주산겐도三十三間堂는 그런 벼락으로부터 사찰을 지키고자 경내에 뇌신雷神 상을 만들어 소중하게 모셔오고 있다. 12세기 초 고시라카와後白河 천황에 의해 창건된 후, 한때 소실되긴 했지만 이후 지금까지 760여 년간을 별 탈 없이 무사히 버텨온 산주

산겐도의 비결이라고나 할까?

　　그래도 방우防雨나 방풍防風, 방설防雪처럼 이른바 방뇌防雷의 백미는 단연,
도쿄東京 아사쿠사浅草 지역의 가미나리몬雷門을 꼽아볼 수 있다. 일본인들의
벼락 스트레스를 웅변해주고 있는 카미나리몬은 무게만 600kg에 달하는
어마어마한 제등提燈을 단 채, 도쿄에서 가장 오래된 사찰인 센소지浅草寺를
'신의 울부짖음'으로부터 굳건히 지키고 있다. 참고로, 벼락을 일컫는 한자

도쿄 아사쿠사(浅草)의 센소지(浅草寺) 남쪽에 자리잡은 카미나리몬(雷門)의 전경. 뇌문이라고 쓰인 무게 600kg의 거대한 제등이 위풍당당하게 매달려 있다(자료: 위키미디어 공용).

어 뇌雷의 일본식 훈독訓讀이 '신의 울부짖음'을 의미하는 '카미나리神鳴'다.

지축을 뒤흔드는 굉음과 함께 어마어마한 일발필중—發必中*의 위력을 지닌 벼락은 인간이 감히 맞설 수 없는 초자연적 대상이었다. 혹독한 기후를 지닌 북유럽에서 천둥과 번개의 신, 토르가 경외의 대상으로 숭배되어 온 것은 결코 놀랄 만한 일이 아니다. 그리스 신화에서 번개는 제우스를 신들의 신으로 등극하게 만들어준 1등 공신이었지만 북유럽 신화에서도 번개는 신들 가운데 가장 광포하고 무시무시하기 그지없는 '토르'의 최종 병기였다.

---

* 한 번 쏘아 반드시 맞힘.

'토르'는 천둥 또는 굉음을 의미하는 의성어이며 동시에 바이킹 신화에 등장하는 신의 이름이기도 하다. 강력한 마법 망치 뮬니르를 휘두르며 천둥 번개를 몰고 다니는 그는 거칠 것 없는 천둥벌거숭이 신으로 유명하다. 그림은 요하네스 거르츠(Johannes Gehrts)의 1901년 작품으로 염소가 끄는 전차를 타며 하늘을 질주하는 토르의 모습이다(자료: Frieda Amerlan의 Götter und Helden der alten Germanen: Der Edda nacherzählt에 실린 삽화).

미 특수 비행팀 '선더버드'가 2017년 5월 13일, 미국 피츠버그에서 열린 에어쇼에서 공중 곡예를 시연하고 있다. '선더버드'는 아메리카 인디언의 신화에서 천둥 번개를 일으킨다는 새의 이름이다(자료: Jason Couillard, Wikimedia Commons).

일본의 피뢰침들은 한국과 비교할 수 없을 정도로 크고 튼튼하다. 사진은 여러 건물들이 밀집해 있는 도쿄(東京) 시내 어느 빌딩가의 옥상 모습. 무수히 들어선 거대한 피뢰침들이 인상적이다. ◉

이쯤에서 드는 궁금증 하나. 번개와 벼락은 어떻게 다를까? 백과사전을 통해 알아보니 번개는 구름 사이에 흐르는 전류를 뜻하는 반면, 벼락은 지면으로 내려와 비교적 높고 뾰족한 곳에 떨어지는 것을 말한다고 한다. 인간의 관점에서 보자면 생명을 위협하는 자연현상은 벼락인 셈이다.

번개 신에 대한 두려움이 바이킹을 통해 유럽 대륙 깊숙이 전파되면서 오늘날까지 서양 사회는 그 흔적을 고스란히 물려받고 있다. '토르'라는 이름을 어원으로 한 목요일Thursday의 명칭이 그것으로, 서양의 번개 신은 일주일의 한 가운데를 차지하며 여전히 위용을 떨치고 있다. 아메리카 대륙의 인디언들 역시, 천둥 번개와 관련된 미신을 오랫동안 믿어왔다. 천둥 번개를 일으킨다는 전설 속의 새, '선더버드thunderbird'가 그 주인공이다. 아메리카 인디언들의 미신은 오늘날, 미 공군의 세계적인 특수비행팀, '선더버드'로 그 전설을 이어나가고 있다.

그래서일까? 최첨단 문명을 자랑하는 일본에서 아직껏 기독교나 불교보다 신도가 맹위를 떨치는 이유는 당연할 수밖에 없다는 생각이다. 지진과 화산, 쓰나미와 태풍에다 벼락까지 난무하는 열도에서 일본인들이 가장 필요로 했던 것은 이승에서의 안녕이지 저승에서의 행복이 아니었다. 선행을 쌓거나 해탈을 할 경우, 천국에 가거나 열반에 들 수 있다는 기독교와 불교의 높은 말씀은, 피안에서 들려오는 목탁과 종소리에 불과했다.

기상학적으로 설명하자면 고온 다습한 상승 기류가 대기 상단의 찬 공기와 부딪치면서 발생한 공중 전기가 번쩍이는 불꽃과 함께 방전되는 현상을 번개라 하고 번개 중 땅으로 내리치는 것을 벼락이라고 한다. 문제는 일본이 태평양 끝자락에 위치해 있어, 여름 내내 고온 다습한 공기를 품고 있는 열도의 하늘에 시베리아 벌판에서 불어오는 차가운 바람이 절묘하

지역	2015	2016	전년비(배)
홋카이도(北海道)	333	150	− 0.5
아오모리(青森)	51	111	+ 2.0
미야기(宮城)	50	121	+ 2.4
이바라키(茨城)	184	284	+ 1.5
지바(千葉)	140	503	+ 3.6
도쿄(東京)	180	266	+ 1.5
가나가와(神奈川)	60	195	+ 3.3
니가타(新潟)	35	125	+ 3.6
후쿠오카(福岡)	130	204	+ 1.6
오키나와(沖縄)	37	164	+ 4.4

'웨더뉴스'(Weathernews)라는 웹사이트에서 2016년 10월에 내보냈던 2015~2016년 뇌우 비교표. 전해에 비해 전반적으로 훨씬 늘어난 뇌우의 현황을 잘 보여주고 있다(자료: 웨더뉴스 웹사이트 http://weathernews).

게 부딪친다는 사실이다. 게다가 험준한 산악 지형 때문에 전국 곳곳에서 예기치 않게 상승 기류가 자주 발생하다 보니 세계 최적(?)의 벼락 발생 조건을 갖추고 있는 곳 또한 열도이다.

사정이 이렇다 보니, 지금까지 쏘아 올린 9개의 기상용 정지 인공위성과 1300여 개의 기상관측소로도 잡아내지 못하는 '게릴라 뇌우'가 여름 피서객들을 시도 때도 없이 괴롭히고 있다. 주로 7, 8월에 집중적으로 발생하는 게릴라 뇌우는 다른 기상 이변과 함께 해마다 늘고 있어 민중들의 근심을 더욱 짙게 한다.

일본 기상청이 1981년부터 2010년까지 30년간 집계한 자료에 따르면 지역별로는 혼슈本州 지방의 동북부 연안이 가장 많은 벼락에 시달렸으며 이 가운데 이시카와石川현의 가나자와金沢가 연 42일, 니가타新潟현의 니가타가 연 34일로 각각 1, 2위를 차지했다. 특이한 사실은 태평양에 면한 지역의 벼락이 주로 여름철에 발생하는 것과 달리, 동해에 접한 가네가와와 니가타는 겨울철 벼락 빈도가 가장 높았다는 것이다. 말 그대로 마른 하늘의 날벼락인 셈이다.

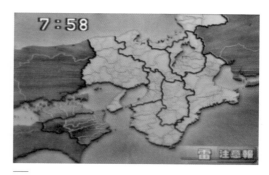

일본 혼슈의 중부 지역에 벼락 피해가 예상된다는 NHK의 일기예보 방송 화면.

벼락이 많고 피해도 크다 보니 일본 TV의 기상예보 방송에서 벼락이 차지하는 비중 역시 매우 높다. 벼락이 본격적으로 치기 시작하는 여름이 되면 TV에서는 호우 및 태풍 경보와 함께 벼락에 대한 정보 또한 상세하게 제공한다.

우리 속담에는 번개가 잦으면 땅이 비옥해져 풍년이 든다고 하는데, 여기저기서 계절을 바꿔가며 내리치는 벼락에 배꼽 감추기 급급했던 열도의 삶이 애달프게 느껴지는 것은 비단 필자만의 심정일까?

열도의 벼락 피해

벼락은 상상 이상으로 일본 열도에 큰 피해를 안겨 왔다. 1983년 여름에는 아키타秋田현 국유림에 벼락이 떨어져 인부 한 명이 사망한 것을 포함해 전국적으로 모두 15명이 크게 다치고 곳곳에서 건물들이 전소됐다. 1989년에는 도쿄 전력 송전선에 번개가 떨어져, 사이타마埼玉시 남부의 2만 7000세대가 정전 사태를 겪었다.

가장 큰 비극은 1987년 8월 5일에 발생한 사건이었다. 고치高知현 동부 해안에서 서핑을 즐기던 일행들 사이에 낙뢰가 떨어져 6명이 사망하고 6명이 중경상을 입은 것이다. 당시, 벼락이 떨어진 지역은 동양의 마이애미로 불리며 서핑을 위한 최적의 파도를 지닌 곳으로 널리 알려져 있었다.

그래도 21세기의 일본에서 벼락이 가장 두려운 사람들은 등산객들이다. 3000m를 넘는 산들이 즐비한 일본인지라 산중에 게릴라 뇌우가 난무하기 때문이다. 이에 일본 기상청은 벼락이 잦은 환절기의 경우, 오후 2시 이후부터의 고산 등반을 자제해 달라고 안내하고 있다. 기상 전문가에 따르면 이 시기에는 보통 3일 정도 벼락이 지속된다고 한다.

02

바람 많은
하늘
'돌풍'마저
잘 날 없는 땅

문 1: 회오리바람이 가장 많이 발생하는 나라는?

답 1: 미국입니다. 미국에서는 해마다 1000개 이상의 회오리바람이 발생해 연
    평균 60~80명의 목숨을 앗아가고 있습니다.

문 2: 그렇다면, 동아시아에서는?

답 2: 따뜻하고 습한 공기와 차갑고 건조한 대기가 만나는 지역에서 자주 발생
    하는 것이 회오리바람이다 보니 태평양 끝자락에 놓인 섬나라 일본에서도
    매년 수십 개의 돌풍이 발생하고 있습니다.

　전 세계 회오리바람의 75%가 발생하는 미국. 이런 '회오리바람 천국'
에 일조하는 지형 조건 중의 하나가 미 대륙을 남북으로 가로지르는 로키

산맥이다. 캐나다의 차갑고 건조한 바람이 산줄기를 타고 내려오는 통로역할을 하는 까닭에서다. 캐나다의 차갑고 건조한 바람은 미 대륙에 머물고 있는 따뜻한 기단과 편서풍 등을 통해 마구 섞이면서 미 중부 내륙 지방에 시도 때도 없이 토네이도를 발생시킨다. 토네이도란 매우 강렬한 회오리바람을 이르는 말.

반면, 유럽과 아시아는 알프스와 히말라야 산맥이 동서로 뻗으면서 한랭 기류가 남하하는 것을 훌륭하게 막아주고 있어 북쪽 기단과 남쪽 기단이 조우할 기회를 좀처럼 주지 않는다.

안타까운 사실은 일본이 그러한 지형적 혜택으로부터 철저하게 소외되어 있다는 것이다. 알프스나 히말라야 산맥이 놓여 있어야 할 자리에 대한 해협이 위치해 있다 보니 차고 건조한 시베리아 기단을 막을 만한 방어벽은 아예 없는 셈이다. 그리하여 일본 상공에서 남태평양 기단과 시베리아 기단이 만나게 되면 열도의 하늘은 돌풍으로 몸살을 앓게 된다. 하지만 한반도는 일본이 남태평양 기단을 어느 정도 막아주는 바람에 돌풍 진원지에서 벗어나는 요행을 얻고 있다.

그렇다면 돌풍은 태풍과 어떻게 다른 것일까? 따뜻한 바닷물이 증발하면서 적란운이 서서히 발생하는 저기압 현상이 태풍이라면, 적란운이 지표면 또는 해수표면으로부터 모래 먼지나 바닷물 등을 강하게 말아 올리는 현상이 돌풍이다. 마치 용이 하늘로 오르는 형상을 띤다고 해서, '용오름'을 뜻하는 '다츠마키龍卷'로 불리는 돌풍은 대기가 불안정할 때 많이 발생한다는 것이 정설이다.

한랭 전선의 기세가 대단히 강할 경우에는 돌풍 발생 확률이 더욱 높아지는데, 이는 차가운 기단이 대기의 윗부분을 차지하면서 벌어지는 현

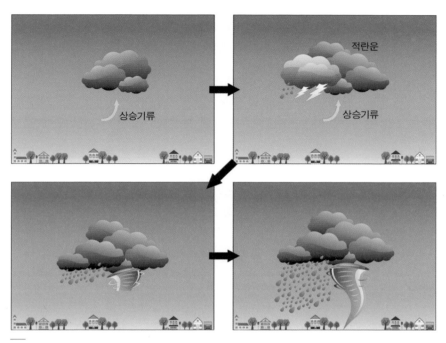

돌풍이 어떻게 만들어지는지 그림으로 나타낸 순서도. 차가운 기단과 따뜻한 공기층이 만나면 먼저 따뜻한 공기층에서 상승 기류가 형성된다. 상승 기류는 적란운으로 발달하고 구름에서부터 돌풍이 형성되어 점차 땅으로 내려오게 된다.

상이라고 한다. 무거운 성질을 가지고 있기에 차갑고 건조한 대기는 아래로 내려오려 하고 밑에 눌려 있는 따뜻한 공기는 가벼운 무게 때문에 위로 올라가려고 하면서 대기층 상하에 격렬한 움직임이 생성되는 것이다.

이렇게 발생한 돌풍은 보통 초속 50m에서부터 초속 130m에 이르기까지 다양한 종류의 풍속을 지니게 되는데, 막대한 피해를 입히는 돌풍은 대개 초속이 100m를 넘는다고 한다. 돌풍의 회전 속도가 초속 130m 이상이 되면 파괴력은 걷잡을 수 없이 증폭되며 최대 에너지는 태풍의 4배에 이른다고 알려져 있다. 재미있는 사실은 이러한 돌풍이 북반구에서는 반시

계 방향으로, 남반구에서는 시계 방향으로 회전하며 발생한다는 것이다.

일본 열도에서의 돌풍은 한 해가 시작할 때부터 끝날 때까지 사시사철 출몰한다는 특징을 지니고 있다. 그러나 봄철에 '다츠마키'가 가장 집중되는데 그 원인 중 첫째가 입춘 이후 불어오는 '하루이치방春一番'이라 하겠다. '하루이치방'이란 남쪽에서 처음으로 불어오는 강한 남풍이라는 뜻으로 겨우내 일본 상공에 자리한 오오츠크 한랭 기단에 따뜻한 남태평양 남풍이 몰려오기 시작하면 하늘에선 그야말로 생난리가 나게 된다.

실제로, 지난 1978년 2월에는 '하루이치방'이 돌풍으로 변하면서 도쿄에도가와江戶川구를 지나던 도자이센東西線 전철을 강타, 전철이 통째로 전복되며 21명의 승객들이 중경상을 입는 피해가 발생했다. 최악의 돌풍은 지난 1941년 11월에 발생했던 아이치愛知현의 '다츠마키'를 들 수 있다. 당시, 미처 경보를 울릴 틈도 없이 발생한 돌풍으로 무려 12명이 목숨을 잃고 말았다.

21세기 들어서는 2006년 11월, 홋카이도 사로마佐呂間町 마을에서 돌풍이 발생해 9명이 사망하고 23명이 부상당하는 참사가 벌어졌다. 일본 기상청이 본격적으로 돌풍을 관측하기 시작한 1961년 이래 최대의 비극이었다. 그로부터 3일 뒤, 이번에는 인근의 오쿠시리지마奧尻島에서 소형 돌풍이 집을 날려버리는 사건이 벌어졌다. 이 밖에도 2곳에서 돌풍이 추가로 발생해, 며칠 동안 홋카이도 지역에서만 4건의 회오리바람이 출몰했다. 같은 해, 태풍 13호와 함께 들이닥친 돌풍으로 미야자키현 노베오카延岡시에서도 3명이 사망한 것을 감안하면, 2006년은 열도가 돌풍 참사로 얼룩진 한 해였다.

주택 피해를 보면 한숨은 더욱 깊어진다. 일본 기상청에 따르면 1999

2010년 7월 군마(群馬)현 다테바야시(館林)시에서 발생한 돌풍을 어느 시청자가 촬영한 니혼TV의 한 장면. 주택가 한 가운데 들이닥친 돌풍이 여러 파편들과 함께 먼지를 흩날리는 모습이다. 화면 아래에는 '부상 21명'이라고 자막이 달려 있다.

년 9월 아이치愛知현 도요하시豊橋시 중심가에서 발생한 돌풍으로 2660채의 주택들이 부서졌으며, 1990년 12월에는 지바千葉현 모바라茂原시 등에서 1747채가 피해를 당한 대규모 재난이 발생했다. 당시, 지바현 앞바다 보소房総 반도 남부에서 발생한 회오리바람은 내륙으로 100km를 이동하며 일본 역사상 최대의 돌풍 에너지를 열도에 쏟아냈다. 결국, 이 돌풍은 사망자 1명을 포함, 중경상자 73명, 주택 전파 82채, 정전 1만 4600 가구 등 엄청난 피해를 야기시키며 수많은 일본인들을 울렸다.

2012년 5월 6일에도 도쿄에서 50km 동북쪽에 위치한 이바라키茨城현 쓰쿠바筑波시에 초대형 회오리가 몰아 닥쳐 1명이 숨지고 37명이 중경상을 입었다. 주택가를 강타한 초대형 회오리바람은 초속 70m로 주택 200여

일본 신문에 보도된 과거의 돌풍 피해 현장들. 전차가 쓰러지고 집들이 대파된 사진들을 통해 돌풍의 무시무시한 규모를 짐작할 수 있다. 일본 기상청에 전시되어 있는 신문기사 스크랩.

채를 파손시켰다. 같은 날 인근 도치기栃木県현에서도 회오리바람이 발생해 10명이 다치고 360여 채의 주택이 부서졌다. 또 강한 바람에 전신주가 잇달아 넘어지면서 이 지역 2만여 가구에는 전기 공급도 끊겼다.

일본 기상청 웹사이트에 들어가보니 돌풍이 많이 발생하는 지역은 태평양에 면해 있는 해안으로 도쿄 인근을 포함한 엔슈遠州만과 스루가駿河만, 토사土佐만과 규슈九州 남부 및 오키나와沖繩 등이라고 한다. 지형적으로 해상에 가까워 온난 다습한 기류가 흘러 들어오기 쉬운 까닭에 적란운이 자주 발생하면서 돌풍으로 연결되기 때문이란다.

이러한 돌풍에 시달려서일까? 온천으로 유명한 규슈九州의 벳푸別府에는 '용오름다츠마키'에 신물이 난 일본인들의 트라우마를 엿볼 수 있는 관광명소가 있다. 워낙 뜨겁고 수증기가 자욱하기에 지옥천으로 불리는 벳푸의 여러 온천 가운데 '다츠마키 지고쿠용오름 지옥'라 불리는 온천이 그 주인공이다. 20~30분 간격으로 뿜어져 나오는 다츠마키 온천은 최고 높이 20m까지 무려 5분이나 뜨거운 유황물을 토해 낸다고 하니, '용오름 지옥'이란 명칭이 결코 허언만은 아닌 성싶다.

일본 기상청에 따르면, 1971년부터 1980년까지 10년간 일본에서 발생한 돌풍 수는 연평균 약 21개 정도. 이 가운데 돌풍이 가장 많이 발생했던 해는 1976년으로 예년보다 50% 정도 많은 35개였다. 하지만 일본의 돌풍은 국지적으로 발생하는 경우가 많아 관측 자체가 어려워 구체적 피해 규모 파악과 정확한 빈도 산출은 쉽지 않다고 한다. 게다가 정작 더 큰 문제는 이 같은 돌풍 발생 횟수가 해를 거듭할수록 증가하고 있다는 사실이다. 예를 들어 지난 1970년대에 발생한 돌풍의 평균 수는 1960년대의 2배에 이르고 있다. 덧붙여 생활권이 넓어지면서 주택 등 건축물들이 도심 외곽

규슈에서도 온천으로 유명한 벳푸의 9가지 지옥천 가운데 마지막에 해당하는 다쓰마키(일명 용오름) 온천. 일정 시간마다 하늘로 솟구치는 간헐천의 모양이 회오리바람을 연상시킨다고 해서 붙여진 이름이다 (자료: 위키미디어 공용).

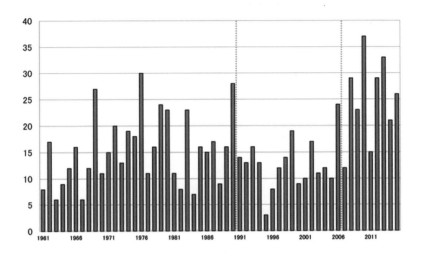

일본 기상청에서 제공한 돌풍의 발생 빈도. 이에 따르면 지난 50년간 돌풍의 발생 빈도는 전반적으로 늘어나고 있는 추세다(자료: 일본 기상청).

으로 퍼져나가고 있어 돌풍의 피해를 받는 지역도 점점 늘어나고 있다.

　가지 많은 나무, 바람 잘 날 없다더니, 근심 많은 하늘, 돌풍마저 잘 날 없는 형국이라고나 할까? 그런 의미에서 돌풍이라는 단어 자체가 생경한 한반도는 돌풍의 무풍지대에 가깝다.

03

하늘이
무너져도
솟아날 구멍이
없다

　『파이브 스타 스토리Five Star Stories』라는 만화가 있다. 일본 만화 마니아
들 사이에서 모르면 간첩으로 대접받는 수작이다. 영어 제목의 첫 글자를
따 일명 'FSS'로 불리는 이 만화는 나가노 마모루永野護가 1987년 첫 그림을
그린 이후 30년간 겨우 13권이 발매된 완작緩作이다.

　『파이브 스타 스토리』는 5개 항성계에 존재하는 주인공들이 시공을
가로지르며 등장하는 까닭에 상상을 초월하는 이야기 동선動線을 지니고
있다. 만화책이 제공하는 연표를 뒤져가며 이야기를 놓치지 않으려는 마
니아들도 종종 있지만, 대부분은 3~4권 쯤에서 손을 놓아버리기 일쑤다.
만화 속에서의 인간 수명이 200~300년에 이른다지만, 만화의 배경이 되는
기간만도 7000년에 달해 역사의 변화를 쫓는 작업은 버겁기만 하다. 해서,
이전에도 없었지만 앞으로도 결코 이와 같은 만화는 없을 것이라는 게 필
자의 솔직한 심정이다.

　재미있는 사실은『파이브 스타 스토리』의 주인공 가운데 가장 중요한

인물이 '아마테라스天照'라는 것. 일본 건국 신화에서 핵심적인 역할을 담당하는 태양신과 같은 이름이다. 그렇다. 『파이브 스타 스토리』는 웬만한 이들이 등장인물의 절반도 기억할 수 없을 정도로 복잡한 일본 신화를 모티브로 하는 연재물이다.

1987년부터 2004년까지 무려 18년간 연재되다 지금은 연재가 중단된 나가노 마모루의 'Five Star Stories,' 일명 'FSS'로 불리는 이 만화는 일본 신화를 모티브로 꾸민 7000년에 달하는 우주 역사를 장대하게 그려내고 있다.

일본 신화가 얼마나 복잡하냐 하면, 주인공에 해당하는 아마테라스天照와 진무神武 천황이 나올 때까지의 이야기만 봐도 알 수 있다.

아마테라스와 진무 천황은 굳이 우리나라에 비춰볼 경우 고조선과 삼국의 시조에 해당하는 이들이다. 다음은 그 대략적인 줄거리.

천상계에서 혼돈의 바다를 내려다보던 세 신령이 세상을 창조하기 위해 남신과 여신을 만들어냈다. 남신 이자나기伊耶那岐가 신령에게서 받은 창을 혼돈의 바다에 넣고 휘저었다가 꺼내자 창끝에 묻은 소금물 몇 방울이 떨어지며 일본 열도가 만들어졌다.

이자나기는 또 다른 여신 이자나미伊耶那美와 결혼해 혼슈本州, 시코쿠四國, 규슈九州 등을 낳았다. 나중에 여러 신들을 낳았는데 불의 신을 낳던 중 이자나미가 죽게 된다.

이자나미는 죽어서 요미노쿠니黃泉國에 가게 되는데 이자나미의 죽음을 슬퍼한 이자나기는 이자나미를 찾아 요미노쿠니까지 찾아가지만 요미노쿠니를

'아마테라스오미카미'는 일본 신화에 등장하는 태양 신으로 일본 고유 종교인 신토의 최고 신이다. 사진은 자신이 동생인 스사노오노미코토의 행패를 보다 못해 동굴 속에 은둔했을 때 세상이 어둠에 휩싸이자 다른 여러 신들이 그녀를 달래기 위해 '이와토카구라'(岩戸神楽)라는 민속 음악을 연주하는 1857년의 그림이다(歌川国貞, 1856년 작 「岩戸神楽ノ起顕」).

빠져나오기 전에는 절대로 뒤를 돌아보지 말라는 당부를 어기고 만다.

이자나미를 찾지 못하고 쫓겨 도망쳐 나온 이자나기는 부정한 몸을 씻기 위해 목욕을 한다. 왼쪽 눈을 씻을 때 아마테라스오미카미天照大御神라는 태양의 여신이, 오른쪽 눈을 씻을 때 츠쿠요미노미코토月讀命라는 달의 여신이, 코를 씻을 때 스사노오노미코토須佐之男命라는 바다의 남신이 생겨난다.

스사노오노미코토는 맡겨진 나라를 다스리지 않아 이자나기에게 쫓겨난 뒤 누나인 아마테라스오미카미를 찾아가 그곳에서 난동을 부리다 추방된다.

그 후, 스사노오노미코토는 이즈모노쿠니出雲國로 내려가 사람들을 괴롭히던 머리가 8개 달린 큰 뱀을 죽이고 나라를 세운다. 그 직계 후손인 오쿠니누시노카미大國主神는 야가미히메八上姬와 결혼하여 다른 형제들이 물려준 나라까지 다스리게 되었다.

후에 천상계에서는 아마테라스오미카미의 손자인 니니기노미코토瓊瓊杵尊

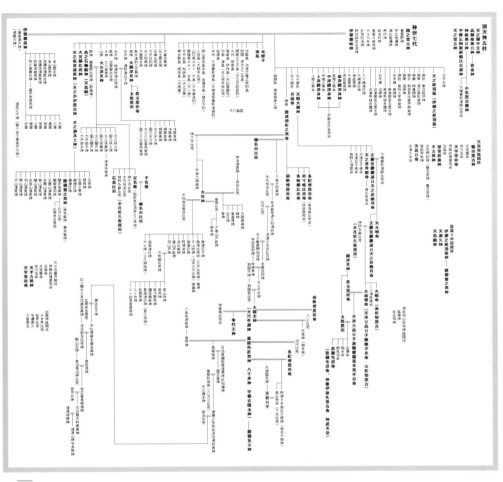

일본 신화의 가계도는 복잡하기 이를 데 없다. 도표 맨 위 오른쪽 끝과 왼쪽 끝에 각각 이자나기, 이자나미 남매신이 자리한 가운데 복잡한 가계도가 대단한 규모로 펼쳐져 있다.

를 내려보내 땅을 다스리게 했는데, 그는 옥과 거울, 검 등 신기 3종 세트를 가지고 내려와 여러 신을 낳았고, 그의 직계 증손자인 와카미케누노미코토若御毛沼命가 일본의 초대 천황인 진무神武가 되었다(두산백과 참조).

인간 창조와 관련해 한반도에서는 다양한 설화가 전해지고 있지만, 일본의 경우는 건국 신화 한 가지만 전해지고 있는 것도 특이하다. 예를 들어, 우리네 전승 신화는 미륵이 하늘에서 금벌레와 은벌레를 따다가 세상에 뿌리거나 흙을 빚어 사람을 만들었다는 등 여러 이야기들이 예전부터 널리 알려져 있다. 반면, 열도의 전승 신화는 만세일계萬歲一系*의 천황이 아마테라스의 자손으로 강림해 일본을 다스려왔다는 모범 답안만 제시할 뿐이다.

하지만 뭐니 뭐니 해도 한일 양국 간의 가장 큰 차이는 우리의 자연관이 인간적인 데 반해 일본의 자연관은 지극히 신성하다는 것이다. 그 대표적인 예가 '해와 달이 된 오누이'의 전승 신화. '해와 달이 된 오누이'와 비슷한 민담은 일본에도 있지만, 하늘에 올라가 해와 달이 될 수 있었던 이들은 한국인들뿐이었다.

그리고 보니, 인간이 곧 하늘이라는 동학의 인내천人乃天 사상 역시, 우리 민족의 휴머니즘을 잘 보여주고 있다. 하지만 일본에서는 하늘로 올라간 아이들이 신들을 몰아내고 해와 달이 될 수는 없었기에 밤하늘을 장식하는 별이 되었을 뿐이다.

그래서일까? 일본에서는 하늘이 절대자의 영역으로 간주되어 인간이

---

* 한 번도 단절된 적이 없다는 뜻으로 일본인들이 자신의 황실을 이를 때 쓰는 말이다.

	이야기	천체
1	신들의 탄생	태양·달
2	스미요시(住吉) 대신의 무용담	오리온좌
3	하늘의 이와토(岩戸) 신화	일식
4	달에서 온 카구야 공주	달
5	와카(和歌)를 읊는 여름별	화성
6	아메와카히코(天稚彦) 이야기	칠석
7	비샤몬(毘沙門)의 현신	
8	우라시마타로(浦島太郎)와 별 이야기	묘성
9	인제뉴도(信西入道)와 타이하쿠케이텐(太白経天)	금성
10	덴카이소죠와 노인 별	남극성
11	구와나야토쿠조(桑名屋徳蔵)와 아기별	북극성
12	기카이지마(喜界島)의 강림 소년	칠성
13	덴닌뇨보(天人女房) 이야기	
14	부자 아들과 가난뱅이 아들	북두칠성·북극성
15	가즈사(上総)의 오쇼우보시(和尚星)	남극성
16	니시하루보(西春坊)의 무덤	남극성
17	별이 된 사이고(西郷)	화성
18	하늘에서 내려온 쇠줄	전갈좌
19	갸후바이 별	전갈좌
20	유성 전설	유성
21	달에서 굴러 떨어진 토끼	달
22	달에서 내려온 떡	달

일본 신화에서 태양과 달의 생성과 관한 이야기는 신들의 탄생이 유일하다. 반면, 북두칠성과 별들에 대한 이 야기는 넘쳐날 정도로 많다. 이 표는 『별의 신화와 전설』이라는 책에 소개된 천체에 얽힌 일화들이며 맨 아래 에 있는 달에 관한 전설들은 '달에서 떨어진 토끼'와 '달에서 내려온 떡'에 관한 이야기일 뿐 달의 탄생에 관한 이야기는 아니다.

'아마쿠다리'는 우리나라의 낙하산 인사에 해당하는 일본판 '강림인사'다. '아마'란 하늘을, '쿠다리'란 강림을 뜻하는 일본어. 열도에서도 정치, 사회적 문제가 되고 있는 현안으로 사진은 이를 다룬 여러 책들.

범접할 수 없는 신성불가침한 대상으로 경배되고 있다. 마치, 삼한 시대 이 땅에 존재했던 소도蘇塗*가 하늘에 있는 격이라고나 할까?

우리가 흔히 '낙하산 인사'라고 부르는 외부 인사의 중용이 일본에선 '아마쿠다리天下り'로 불리는 것 또한 의미심장하다. '아마'란 하늘을, '쿠다리'란 하강을 뜻하는 말로, 두 단어를 합치면 결국 '강림'을 의미하는 단어가 된다. 한국에선 낙하산을 둘러메고 비행기에서 뛰어내리는 '속세의 꼴불견'이 일본에선 인간의 힘으론 어찌해볼 수 없는 '신의 영역'으로 받아들여지는 것이다. 한반도에선 은빛 강을 뜻하는 '은하수'가 일본에선 '하늘의 강'인 '아마노가와天の川'로 통칭되는 것이나, 하늘에서 내려왔지만 선계에서 온 여자로 불리는 선녀仙女가 일본에선 하늘의 여자인 '아마오토메天少女'로 지칭되는 것도 매한가지다.

이와 함께 해의 기운을 뜻하기에 일기日氣로 일컬어지는 날씨가 열도에

---

* 삼한 때 천신(天神)에게 제사를 지내던 성지. 여기에 신단을 설치하고 그 앞에 방울과 북을 단 큰 나무를 세워 제사를 올렸는데, 죄인이 이곳으로 달아나더라도 잡아가지 못했다. 민속 신앙의 대상으로 세운 긴 장대인 '솟대'가 여기에서 기원한 것이라고 한다.

今日 明日 明後日 **天気** 気温 降水確率 指数 2011年12月26日 5時00分発表

全国の天気

各地の天気
▸ 北海道
▸ 東北
▸ 関東
▸ 信越
▸ 北陸
▸ 東海
▸ 近畿
▸ 中国
▸ 四国
▸ 九州
▸ 沖縄

▸ 週間天気

那覇　札幌　釧路　仙台　新潟　金沢　広島　福岡　大阪　名古屋　東京　高知　鹿児島

일본의 대표적 포털 사이트인 '야후! 재팬'에서 일기예보가 차지하는 정보의 비중은 대단히 높다. 사진은 야후! 재팬에서 제공하고 있는 일기도로 '천기(天気)'라는 단어가 곳곳에 표기되어 있는 것이 눈에 띈다. '천기'란 우리나라의 일기(日氣)에 해당하는 일본식 표현이다(자료: weater.yahoo.co.jr).

선 '천기天気'로 불리는 것도 같은 맥락에서 유추해볼 수 있다. 물론, 이면에는 태풍과 돌풍, 호우와 폭설을 시도 때도 없이 쏟아내는 하늘을 일기日氣만으로 표현할 수 없는 아픈 현실을 상징하고 있겠지만.

그런 의미에서 '하늘이 무너져도 솟아날 구멍이 있다'라는 우리네 속담은 일본인들의 관점에서 상상조차 할 수 없는 불경不敬스러운 '생의 철학'일 뿐이다.

이위일체(二位一體)의 일본 건국 신화

국어사전에서 찾아보니 신화란 "현실의 생활과 그것을 에워싸고 있는 세계의 기원이
나 신을 비롯한 초자연적인 존재와 영웅 등의 존재론적인 의미를 상징적으로 설명하는 설
화"라고 정의되어 있다. 하지만 일본의 건국 신화는 수많은 단편 신화들이 인과관계를 맺
으며 결국 신의 자손인 천황의 국가통치로 귀착된다.

가령, 일본 최고最古의 역사서인 『고지키古事記』와 『니혼쇼키日本書紀』의 도입부에는 일
본 신화의 마지막 신과 함께 그의 아들이자 첫 번째 일본 왕인 진무神武가 등장한다. 중세
유럽의 군주들이 절대 권력을 신으로부터 위임 받았다는 왕권신수설을 내세웠다면 일본
에서 가장 오래된 역사서들은 인간이면서 신인 존재가 일본 왕이라는 주장을 펼친 셈이다.
굳이 말하자면 성부聖父 = 성자聖子 = 성신聖神의 '삼위일체' 같이 신 = 천황의 '이위일체'가
일본의 건국 이념이라고나 할까?

아이러니컬한 사실은 그토록 존귀했던 천황의 존재가 도쿠가와 막부 하에서는 백성
들에게 잘 알려져 있지도 않다가 메이지 유신과 군국주의를 거치며 신화적으로 탈바꿈했
다는 것이다.

04

날씨
복도
복이다

문 1: 날씨에 관한 영국인들과 일본인들의 공통점은 무엇일까요?
답 1: 양국 국민 모두 일기예보에 대단히 민감하다는 것입니다.

문 2: 그렇다면 일기예보를 둘러싼 양국 간의 차이점은 무엇일까요?
답 2: 날씨에 쏟아 붓는 예산은 일본이 영국보다 5배나 많다는 점입니다.

　2012년에 출간된 필자의 책 신일본견문록 첫 번째 권『일본을 보면 한
국이 보인다』에서 닮은꼴 섬나라, 영국과 일본에 대해 언급한 적이 있다.
이번에는 그 연장선상에서 두 나라의 날씨 이야기로 바통을 이어가보자.
　지는 해라고는 하지만 아직도 세계적으로 무시 못 할 정치력과 군사력
을 과시하고 있는 국가, 영국. 그런 영국은 세계 어느 나라보다 기후와 날
씨 변화에 민감한 기상 선진국이다. 항상 우산을 지닌 채 코트의 재킷을
세우고 중절모를 쓴 영국 신사 이미지 역시, 예측 불가능한 북유럽의 섬나

일본 언론매체에서 날씨가 차지하는 비중은 대단히 높다. 사진은 일본의 유력 일간지인 요미우리(読売)와 아사히(朝日) 신문의 1면에 실린 날씨 정보. 요미우리신문(왼쪽)은 1면 하단에 아사히신문(위)은 1면 상단의 제호 옆에 기상 예보를 배치한 것이 눈에 띈다. ◉

라 기후에서 자연스레 탄생했다는 생각이다.

영국의 기후 특성은 북대서양 난류와 편서풍 영향으로 연교차가 그리 크진 않지만, 하루에 사계절을 다 겪는다고 할 만큼 일교차가 심하다. 더불어 섬나라다 보니 시도 때도 없이 불어닥치는 바람과 함께 이틀에 한 번 꼴로 내리는 부슬비는 한여름에도 한기를 느끼게 하기에 충분하다. 사정이 이렇다 보니 영국인들의 대화에서 빠질 수 없는 화제가 날씨다. 어느 언론 보도에 따르면 영국 사람들은 평생의 160일 정도에 해당하는 시간을 날씨 이야기로 보낸다고 하니 맑은 하늘에 대한 그네들의 열망이 어느 정도인지 충분히 짐작해볼 수 있다.

날씨에 대한 일본인들의 관심 역시, 둘째가라면 서러워할 수준이다.

1년 내내 섬나라를 휘감는 숱한 바람에서부터, 천둥 번개는 물론, 폭설과 장마, 폭우와 한파에 이르기까지 온갖 종류의 자연재해가 머리 위에서 발생하기에 날씨는 언제나 초미의 관심사다. 이러한 현실을 잘 보여주는 것이 언론에서 차지하는 일기 예보의 비중. 유력 일간지라면 1면에 날씨 기사를 싣는 것은 지극히 당연하며, 텔레비전은 어느 채널이나 틈만 나면 일기 예보를 내보낸다. 또, 기상이 급변할 경우에는 화면 구석에 어김없이 기상 주의보와 경계경보를 컴퓨터그래픽과 함께 띄운다.

인상적인 사실은 날씨에 대한 지대한 관심에도 불구하고 기상 예보에 지출하는 비용은 양국이 천양지차라는 것이다. 날씨 변화가 심하다고는 하지만 우산과 코트를 챙기면 상황이 종료되는 영국과 기상 이변이 곧 생존으로 직결될 수 있는 열도의 숙명적 차이라고나 할까? 필자가 조사해본 바에 따르면 지난 2017년 현재 영국 기상청에 책정된 예산은 8300만 파운드로 우리나라 돈 약 1150억 원 정도에 해당하는 규모였다. 반면, 비슷한 시기의 2016년을 기준으로 본 일본 기상청의 예산은 587억 엔(한화 5870억 원)으로 영국 예산의 5배에 달했다. 한편 우리나라도 2016년의 기상청 예산은 4021억 원 정도로 영국을 세 배 이상 뛰어넘고 있었다. 그렇다면 어째서 이런 현상이 발생하는 것일까?

이른바 수치예보 모델이라는 것이 있다. 간단히 말해 기상을 예측할 수 있는 날씨 방정식이다. 수치예보 모델은 현재의 온도와 습도, 기압과 풍력, 풍속 등을 컴퓨터에 입력할 경우, 향후의 기상을 예보해주는 소프트웨어다. 수치예보 모델을 운용하는 순서는 먼저 정확하고 촘촘하게 배열된 격자로 대기가 존재하는 지구 상공을 나눈 다음, 격자 한 칸 한 칸에 세계 각지에서 제공한 수천만 개 이상의 기상관측 데이터 중 필요한 데이터

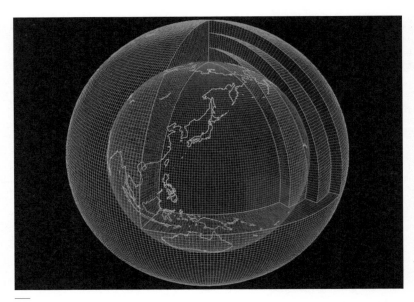

일본 기상청 홈페이지에서 제공하고 있는 수치예보 모델의 밑바탕 그리드(자료: 일본 기상청 http://www.jma.
go.jp/jma/kishou/know/whitep/1-3-1.html)

를 입력하는 것이다. 그리고 슈퍼컴퓨터로 대기 운동을 설명하는 수많은
방정식들을 계산하면 기상 예보가 산출된다.

재미있는 사실은 수치예보 모델의 개발에서 가장 앞선 나라가 영국이
라는 것. 일본도 수치예보 모델이 우수하다고는 하지만 기상 선진국 가운
데에서는 하위권인 8위에 불과하다. 이유는 수치예보 모델을 세우는 상황
에서 아시아, 특히 동아시아가 대단히 불리하기 때문이다. 날씨 예측에서
가장 중요한 변인인 기압이 워낙 역동적으로 변하는 지리적 조건 탓이다.

지형학적으로 살펴보면, 지구 최대의 대륙 아시아의 동쪽엔 대서양과
인도양을 합친 것보다 더 넓은 태평양이 자리하고 있다. 참고로, 대서양

세계 최대의 바다인 태평양은 대서양 면적의 두 배에 달하는 '바다의 왕자'다. 이 그림은 태평양과 대서양, 그리고 인도양의 크기를 한눈에 비교할 수 있도록 재구성하여 그려놓은 지도이다(자료: 위키미디어 공용).

(8200만 km²)과 인도양(7500만 km²)을 합쳐도 호주(770만 km²)만 한 크기의 공간이 남는, 대양 중의 대양이 태평양(1억 6500만km²)이다. 그리하여 지구상에서 가장 큰 대륙과 가장 큰 바다가 마주치는 동아시아의 하늘은 대륙과 바다의 온도 차로 하늘이 쉬이 불안정해지곤 한다. 설상가상으로 태평양을 가로지르는 적도는 1년 내내 열대 지방의 바닷물을 데워 놓으며 주기적으로 상승 기류를 유발시킨다. 그렇게 발생된 상승 기류는 저기압을 잉태하고 저기압은 태풍을 낳아 동남아시아와 극동을 끊임없이 강타한다.

이 글을 쓰면서 조사해보니, 한 해에 필리핀 주변의 태평양 상공에서 발생하는 태풍 수는 평균 27개 정도. 월별로 따지면 매달 두 개씩 생성되는 셈이다. 이들 가운데 매년 일본에 직접 상륙하는 태풍은 3개 정도라고 한다. 하지만 본토 인근(300km 이내)까지 접근해 오는 태풍을 포함할 경우

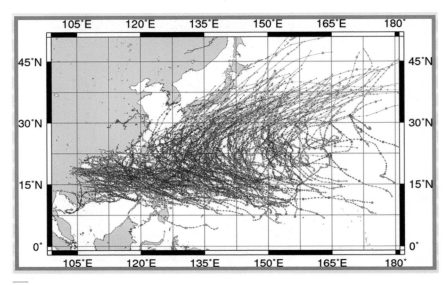

한국에선 여름과 동시에 대부분 사라지는 태풍이 일본 열도에는 10월까지도 심심찮게 불어 닥친다. 사진은 일본 정보학
연구소에서 발행한 10월의 태풍 경로도로 한국을 제외한 채 일본만을 통과하는 수많은 태풍들이 눈에 띈다(자료: 10월의
태풍 경로도 http://agora.ex.nii.ac.jp/digital-typhoon/reference/monthly/oct.html.ja).

에는 무려 11개 정도의 태풍이 일본을 지나간다고 한다. 그러니 태풍의 길
목에 자리한 일본으로서는 다른 어느 나라보다도 하늘과 땅, 바다와 산에
서 태풍의 활동을 잘 파악해야 나라도 살고 국민도 살 수 있다. 반면 영국
은 태풍 같은 대규모 대기 활동이 없는 까닭에 일본이나 우리나라처럼 많
은 예산이 필요치 않을 뿐이다.

　　그런 의미에서 기상청이 법무성이나 외무성, 재무성과 같은 상위 관급
기관으로 격상되어도 전혀 이상할 것이 없는 나라가 일본이다. 한 해에
6000억 원에 이를 정도의 막대한 예산과 5000명을 훌쩍 상회하는 인력으
로 지상 1300여 곳의 기상관측소를 운영하고 있는 곳이 일본 기상청인 까

도쿄 지요다구(千代田区) 오테마치(大手町)에 자리 잡은 일본 기상청의 전경. 6000억 원에 가까운 예산과 5000명 이상의 전문 인력을 운용하는 슈퍼 청(廳)이다. ◉

닭에서다. '아메다스AMeDAS'라는 기상관측 시스템으로 열도 전역을 가로 세로 17km씩의 격자로 촘촘히 파악하고 있는 일본 기상청은 지난 1977년 첫 기상전문 정지위성을 발사한 이래, 지금까지 무려 17개의 기상 및 지구 관측 위성을 쏘아 올리고 있다.

역사적으로 살펴보면, 일본의 기상학은 유럽과 미국 등 선진국의 기상 학과 현저히 다른 발달 과정을 보여왔다. 지리적으로 구미歐美와 동떨어져 있어 학자 간의 교류가 적은데다 태풍, 장마, 폭설 등 일본의 기상 조건이 유럽과 워낙 다르기 때문이었다. 13~14세기의 전국시대 당시, 아리스토텔 레스의 기상학이 부분적으로 선교사를 통해 일본에 소개되기는 했지만, 16 세기 이전까지는 속담에 의지해 관측되어온 것이 열도의 하늘이었다.

일본에서 체계적인 기상관측이 시작된 것은 17세기 에도 시대부터다. 이후, 에도시대 말기인 1854년 이토신조(伊藤愼蔵)에 의해 서양 기상서 번역

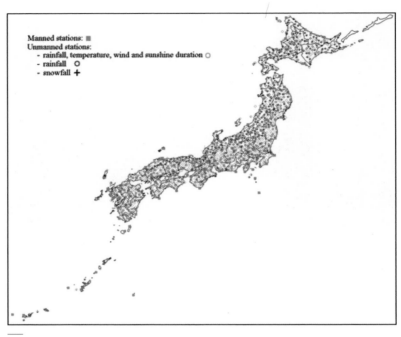

일본 기상청에서 제공하는 기상관측 시스템, 아메다스의 관측소 배치도. 빨간 점은 사람이 배치된 곳이며 그 밖의 다른 기호들은 강우, 강설, 온도, 풍속 등을 측정하는 무인 관측소들이다(자료: 일본 기상청).

이 본격적으로 이뤄지기 시작하면서 메이지 8년인 1875년, 지금의 도쿄 미나토(港)구에서 처음으로 서양식 기상관측이 이뤄졌다. 이어 메이지 16년인 1883년 도쿄 기상대에서 최초로 일기도를 작성해, 매일 배포하기 시작하면서 다음 해에는 하루 3번씩 기상예보를 발표하기에 이른다.

20세기 하반기에 들어서는 1965년에 후지富±산 정상에 기상관측 레이더가 설치된 것을 비롯, 일본 전역을 속속들이 파악할 수 있는 지역기상관측 시스템인 아메다스AMeDAS가 1974년 완공됨으로써 일본은 드디어 하늘과의 싸움에서 우위를 점하기 시작한다. 이와 더불어 3년 뒤인 1977년엔

일본인들의 염원이었던 정지기상위성 '히마와리(ひまわり)*'가 발사됨으로써 비로소 하늘에서 대기의 움직임을 속속들이 관측할 수 있게 되었다.

그렇다면 우리나라의 기상관측 현주소는? 제작 비용만 3549억 원에 달하는 국내 첫 기상 위성, '천리안'이 2010년 지구 위로 발사되었으며, 2020년까지 예보 정확도를 세계 5위 수준으로 끌어올리기 위해 9년간 총 946억 원이 한국형 수치예보 모델 개발에 투입될 계획이다. 그래서 비록 유럽보다는 열악하지만 일본보다 양호한 한반도의 하늘에 대해 "날씨 복도 복이다"라는 생각이 드는 것은 비단 필자만의 견해일까?

---

* 해바라기라는 뜻.

수치예보 모델과 슈퍼컴퓨터

2010년 발사된 국내 첫 기상위성 '천리안'의 모습. 제작 비용만 3549억 원에 달하는 '천리안'은 2017년까지 한반도 상공에서 주변의 기상과 해양을 지속적으로 관측해 왔다(자료: 한국항공우주연구원 KARI).

수치예보 모델은 물리학 방정식에 따라 기상 변화를 컴퓨터로 계산해 장래의 대기 움직임을 미리 예측하는 프로그램이다. 제1차 세계대전 때 영국 기상청에서 일했던 루이스 리처드슨Lewis Richardson이 처음 고안했으며 대기 운동을 지배하는 기온, 기압, 습도, 바람 등 6개의 주요 변수를 이용해 예측한다. 당시에는 계산 속도가 느려 6시간 뒤의 날씨 변화를 구하는 데 몇 달이 걸릴 정도였다. 그러다 1950년대 컴퓨터가 등장하면서 수치예보 모델이 적극적으로 활용되기 시작했다.

일본은 1959년에 처음으로 과학계산용 대형 컴퓨터를 도입해 수치예보 업무를 시작했다. 그 후, 컴퓨터의 눈부신 발달에 따라 수치예보가 기상청 업무의 근간이 되었다. 수치예보를 행하는 순서는 먼저 간격이 일정한 격자로 지구상의 대기를 잘게 나눠서 덮은 후,

격자 하나하나에 기압, 기온, 바람 등 전세계에서 수집된 관측 데이터를 일일이 입력해 계산하는 것이다. 이때 활용되는 방정식이 '수치예보 모델'이다.

수치예보 모델은 대기의 흐름에서부터 수증기의 응결, 그리고 지면과 해면의 복사 및 냉각 등 등 여러 현상들을 종합적으로 파악해야 한다. 슈퍼컴퓨터가 필요한 이유는 이 과정에서 컴퓨터에 입력해야 하는 변수와 데이터들이 워낙 많기 때문이다.

기상청이 보유한 슈퍼컴퓨터는 2015년 12월에 미국으로부터 도입된 '슈퍼컴퓨터 4호기'다. 1초에 5800조 회의 연산이 가능하며 메모리 용량은 744TB테라바이트에 달한다. 참고로, 1테라바이트는 1024기가바이트이므로 슈퍼 컴퓨터 4호기의 메모리 용량은 무려 76만 1856기가바이트에 이른다. 도입 당시 가격은 5051만 달러(2017년 10월 기준으로 약 569억 원)였다.

우리나라의 수치예보 모델은 전국을 가로, 세로 5km 크기의 격자로 나눠 대기 변화를 계산한다. 기상청에서는 2015년부터 한국형 수치예보 모델의 개발에 나섰으며 2020년쯤 우리 실정에 맞는 일기예보 모델을 내놓을 수 있을 것으로 전망하고 있다.

선사시대 이래 동북아시아에서 일본 열도의 인구는 언제나 한반도에 대해 수적 우위를 점해온 것이 사실이다. 지금처럼 인구 조사가 정밀하게 시행되지 않은 과거의 기록인지라 정확성이 떨어지긴 하지만, 일본과 한국의 여러 자료들을 토대로 필자가 조사해본 바에 따르면 일본의 인구수는 한반도의 2~4배를 유지해온 것으로 나타났다.

ち

地

땅

05

인공적인
자연물,
꽃꽂이
이야기

필자: "일본 사람들은 정말 꽃을 좋아하지?"

아내: "그러게 말이야. 웬만한 집 앞엔 꽃들이 다 놓여 있는 것 같아."

필자: "여기저기 꽃집들이 널려 있는 것은 어떻고?"

아내: "동네 슈퍼에서도 꽃과 화분을 파는 코너는 상당히 크잖아!"

    무엇인가가 눈앞을 가로 막고 선 느낌. 공기마저 무겁게 느껴져 형용할 수 없는 답답함을 안겨준 도쿄 생활에서 그나마 필자의 숨통을 틔워준 것이 꽃이었다.

    꽃에 대해서는 평소 눈여겨본 적조차 없을 정도로 둔감했지만 도쿄살이 하며 인상적으로 느낀 것이 집 앞과 길가, 동네 슈퍼마켓에 즐비한 꽃들이었다. 이러한 느낌은 아이들도 마찬가지였다. 그리하여 일본에 거주하게 된 후, 답답함을 달래고자 구매했던 물건이 화분이었다.

    꽃을 남다르게 여기는 일본인들의 습성은 반세기 전 루스 베네딕트가

길거리를 걷다 보면 어디에서나 쉽게 눈에 띄는 것 가운데 하나
가 꽃이다. 웬만한 주택과 상점 앞은 주인이 직접 기르는 꽃들로
장식되어 행인들을 즐겁게 맞이한다. ◈

어느 동네에나 최소한 한 개씩
은 있는 꽃집. 존재하는 그 자
체만으로도 동네를 싱싱하고
풍성하게 만드는 느낌이다. ☞

동네 여기저기에 자리하고 있
는 꽃집들도 신기하지만, 동네
슈퍼마켓에서도 꽃을 판다는
것이 신기하기만 하다. 먹을거
리와 생활용품만 갖다 놓은 우
리네 관념과는 확연히 차이 나
는 장면이라고나 할까? ☞

저술한『국화와 칼』에서도 잘 나타나고 있다. 안타까운 사실은 통제 문화에 익숙한 일본인들의 꽃 사랑이 명백한 한계를 지닐 수밖에 없다는 점. 그러한 현실을 잘 보여주는 일화가 영어를 배우기 위해 도쿄 미션 스쿨에 입학했던 스기모토 부인의 경우다. 그녀는 자신에게 할당된 정원에 감자를 심었다. 다른 학생들이 모두 꽃을 심었는데 진정한 자유, 구속받지 않을 자유, 주변 시선으로부터 해방된 자유를 만끽하고자 했던 그녀는 뿌리 작물을 심었던 것이다.

다음은『국화와 칼』에 등장하는 스기모토 부인의 인터뷰와 이에 대한 베네딕트의 언급이다.

스기모토 부인: 나의 집에는 정원 한쪽에 자연 그대로 방치된 듯이 보이는 장소가 있었다. …… 그런데 언제나 누군가가 소나무를 부지런히 손질하고 생나무 울타리를 잘 다듬곤 했다. 또한 매일 아침 지야(늙은 하인)는 디딤돌을 닦아내고 소나무 밑을 청소한 뒤, 숲에서 모아 온 솔잎을 조심스럽게 뿌렸다.

루스 베네딕트: 이 위장된 자연은 그녀에게는, 그녀가 그때까지 교육받아 왔던 위장된 의지의 자유를 상징하는 것이었다. 그리고 일본 곳곳에 이와 같은 위장이 가득 차 있었다. …… 볼 만한 꽃잎은 한 잎 한 잎 재배자의 손으로 정돈되고, 또 때때로 살아 있는 꽃 속에 작고 눈에 띄지 않는 철사로 만든 고리를 끼워서 올바른 위치를 지키게 한다. 이 고리를 뗄 기회를 얻는 스기모토 부인의 흥분은 행복하고도 순수한 것이었다. 그녀는 지금까지 작은 화분 속에서 꽃잎 하나 하나까지 정성껏 가꿔진 국화가 자연으로 돌아가는 데 대한 순수한 즐거움을 발견했다(베네딕트, 2006: 385~386).

아이들을 소학교에 보낸 일본 정착 초기, 새 학기가 시작되면서 둘째 아이가 과학 시간에 수행한 관찰 수업이 '나팔꽃의 성장'이었다. 학교에서는 아이들의 관찰수업을 위해 나팔꽃 씨앗부터 화분은 물론 물통까지 일괄로 구입하고 비용을 학부모에게 청구했다.

그러던 어느 날, 볼일이 있어 아이들의 학교에 갔다가 둘째가 안내하는 꽃밭으로 가보았다. 자신의 나팔꽃을 보여주고 싶다는 얘기에 발걸음을 옮긴 것이다. 잠시 후 꽃밭에 당도한 순간, 무엇인가로 머리를 세게 얻어맞은 듯한 충격을 느꼈다.

아이가 가리킨 꽃밭에는 20여 개의 화분들이 판에 박은 듯 똑같은 모습으로 줄지어 있었다. 같은 크기, 같은 색깔의 화분들은 똑같은 높이의 지지대에 다를 것이라고는 전혀 없는 나팔꽃들을 일제히 매달고 있었다. 누구의 것인지는 각각의 화분 앞에 놓인 이름표를 통해서만 식별할 수 있었다.

어느 SF 영화에서 획일적인 모양의 사물들이 눈앞에 끝도 없이 반복적으로

일본 소학교에서 둘째 아이가 과학 시간을 통해 관찰한 대상은 나팔꽃이었다. 사진은 학급 전체가 학교 구석에서 함께 키우고 있는 나팔꽃들. 나팔꽃 씨앗과 화분 모두 학급에서 일괄적으로 단체 구입한 것이다. ◉

펼쳐져 있는 듯한 모습. 순간, 학교에서 나눠준 똑같은 모자를 모두 쓰고 란도세루ランドセル*라 불리는 사각 배낭을 메고 고학년생의 인솔 아래 줄지어 등교하는 어린이들의 모습이 떠올랐다. 개성적인 개인 생활을 허락 받기보다 동질적인 집단생활로 평생을 살아야만 하는 사회. 소학교의 나팔꽃 탐구 생활을 통해 들여다 본 일본이 거기에 있었다.

하지만 뭐니 뭐니 해도 꽃을 통해 일본인들의 속성을 잘 들여다 볼 수 있는 정점이 '이케바나生け花'다. 우리말로 '꽃꽂이'를 뜻하는 '이케바나'는 영어로 'Japanese flower arrangement일본 꽃꽂이'라 불릴 만큼 동양의 '꽃꽂이'를 대표하는 영광(?)을 누리고 있다.

재미있는 사실은 '이케바나'의 의미가 '소생시킨 꽃'이라는 것. '소생시키다'라는 동사 '이케루生ける'에 꽃 '하나花'가 덧붙여져 만들어진 단어, '이케바나'는 꽃을 꺾어서 꽂아 놓고 시들면 새 꽃으로 갈아줌으로써 꽃병 속의 꽃은 계속 살아 있다는 의미를 지니고 있다. 눈앞에 있는 꽃들은 항상 싱싱하게 존재해야 하기에 꽃 하나하나의 안위(?)보다 전체적인 외양을 더욱 중요시하는 것이 일본 꽃꽂이인 셈이다.

그런 관점에서 보자면, 인공적인 자연미의 극치인 이케바나가 'Japanese flower arrangement'로 불리는 것이 차라리 낫다는 생각이다. 아름답지만 늘 꽃병이 살아 있도록 강제하는 행위가 '일본'만의 행위로 대유代喩될 수 있다는 생각에서다. 필자가 인터넷을 뒤져 확인해본 바에 의하면, 한국과 중국의 꽃꽂이가 있는 그대로의 자연미에 중점을 두는데 반면,

---

* 일본 소학교 학생들이 메는 책가방. 네모난 건빵 같이 생겼으며, 6년동안 메고 다닌다. 네덜란드어 ransel의 일본식 발음이다. 물에 빠졌을 때 튜브 대용으로 쓸 수 있고 교통사고를 당했을 때나 뒤로 넘어졌을 때 충격을 흡수하는 완충 기능이 있다.

계속 살아 있게 만든다는 의미의 일본 꽃꽂이, '이케바나'는 인공적인 자연미의 극치다. 잎 하나, 꽃잎 한 개 우연히 자리 잡은 것이 없으며 수많은 가위질과 철사 고정으로 탄생된 일본만의 조형 예술이다(자료: 위키미디어 공용).

일본의 꽃꽂이는 형식과 절차에 따른 인공미를 강조한다고 한다.

꽃도 생명이기에 꺾는 것을 저어하고자 지화紙花라는 종이꽃을 만들어 잔칫날 병에 꽂아 놓고 놀던 이들이 우리네 조상이었는데, 하나부터 열까지 달라도 너무 다른 한국과 일본의 차이가 꽃에서도 여실히 드러난다는 생각이다.

일본 꽃꽂이의 역사

신에게 꽃을 바치기 위한 종교적 의식에서 탄생한 것이 오늘날의 일본 꽃꽂이다. 불교의 전래와 함께 부처님 앞에 꽃을 바치는 공화供華 행사가 시대를 거듭하면서 일본 특유의 문화이자 예술로 발전한 것이다.

화려한 극락세계 속의 부처님에게 금상첨화錦上添花를 얹어드리기 위해 고안된 고대의 꽃꽂이는 서 있는 꽃이란 의미에서의 '릿카立花'라 불리며 장엄한 대자연의 경관을 화기花器에 담았다. 귀족 문화가 융성했던 헤이안平安 시대에 귀족들 사이에서 유행처럼 퍼지기 시작한 꽃꽂이는 이후, 무로마치室町 시대를 거쳐 점차 체계적으로 발전했다. 일본의 꽃꽂이는 에도 시대에 접어들면서 더욱 고유한 방향으로 발전해나갔다. 사회가 안정되고 사무라이들이 자신들의 입맛에 맞는 예와 멋을 찾으면서 그들의 취향에 들어맞는 꽃꽂이 문화가 탄생된 것이다. 천天, 지地, 인人의 관계를 꽃의 높이로 결정한 고류古流, 원, 사각형 등 기하학적인 표현을 구현하고자 했던 미쇼류未生流, 엔슈류遠州流, 이케노보他坊 같은 유파가 등장한 것도 이때다. 그리하여 다도茶道와 검도劍道처럼 꽃꽂이 역시 시나브로 화도華道로 승화되어갔다.

이러한 일본 꽃꽂이는 서양 꽃꽂이와 확연히 구별되는 특징을 지니고 있다. 서양 꽃꽂이가 형태와 색채를 중시하며 실내에 머물지 않고 실외, 선물용, 제반 행사용으로 그 쓰임새를 확장하는 데 반해, 일본의 꽃꽂이는 선과 공간을 중히 여기며 대부분 실내에 머물고 있다.

삼나무가
복수한다

　전라남도 구례군에 있는 화엄사 각황전은 흔히 조선 시대의 사찰 가운데 가장 큰 목조 건물이라고 알려져 있다. 통일신라 때 지어지고 임진왜란 이후 재건된 문화재로, 높이는 4층 건물에 해당하는 15m 규모다. 그래도 중국 최대의 목조 건물인 베이징 자금성의 태화전 앞에서는 작아질 수밖에 없다. 바닥에서부터 꼭대기까지의 높이가 35m에 달하기에 태화전이 각황전의 두 배를 훌쩍 뛰어넘는 까닭에서다. 청나라 강희제 때 현재의 모습으로 중건된 태화전은 각국에서 온 사신들이 아홉 번 이마를 땅바닥에 조아리며 황제를 알현하던 곳이다. 그런 태화전을 능가하는 건축물이 일본에 하나도 아니고 여럿 있다면?

　나라奈良현 나라시에 자리한 도다이지東大寺는 일본 화엄종의 본산으로, 세계적 규모의 청동 불상을 모신 일본의 자랑이다. 다이부츠大佛로 불리는 불상의 높이만 16m로 우리의 각황전을 훌쩍 넘는다. 그럼, 대불상을 모신 대불전의 건물 높이는? 중국의 태화전보다 14m나 높은 49m, 빌딩 높이로

일본의 목조 건물들은 높이와 규모 면에서 보는 이들을 압도한다. 사진은 나라에 있는 도다이지 다이부스덴의 전경. 49m의 높이를 자랑하는 세계에서 가장 높은 목조 건축물이다. ◉

는 무려 12층에 해당하는 규모다. 그렇다고 도다이지의 대불전만 큰 게 아니다. 교토의 히가시혼간지東本願寺는 10층 건물 높이의 38m에 정면 길이만 76m의 규모를 자랑한다. 각황전의 정면 길이가 27m라는 것을 감안하면 세 배에 이르는 수치다. 히가시혼간지에서 분리되어 옆 동네에 세워진 니시혼간지西本願寺라는 사찰 역시, 높이 29m에 62m의 정면 길이로 만만찮은 규모를 자랑한다.

일본 명승지를 방문하는 한국인들이 반드시 한 번쯤은 놀라움과 경탄으로 바라보는 대상. 중국도 아니면서 중국을 능가하는 크기로 보는 이들을 압도하는 일본의 목조 건축들이다. 그렇다면, 중국도 아닌 일본에 세계

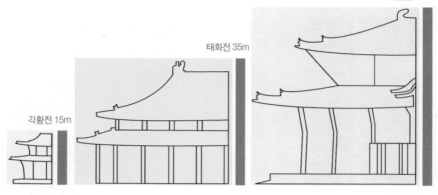

대불전 49m

태화전 35m

각황전 15m

한, 중, 일 각국의 최고 목조 건물 크기 비교

최대의 목조 건물들이 즐비한 이유는 무엇일까?

지리적으로 한국의 동남쪽에 위치해 있는 일본은 홋카이도 및 혼슈의 동북 지방을 제외하면 대부분 따뜻하고 습한 기후를 지니고 있다. 도쿄를 기준으로 볼 경우, 1년 강수량은 1400mm, 연평균 기온 15℃ 정도로 우리보다 강수량이 200mm 정도 많고, 온도는 5℃ 가량 높다. 이러한 수치는 히로시마나 후쿠오카 같은 남서부 지역으로 향하면 더욱 올라간다. 애니메이션 〈모노노케 히메원령공주〉의 배경으로 유명한 야쿠시마屋久島섬은 연평균 강수량 1만mm, 연평균 기온이 20도를 넘는 아열대성 기후이다. 이런 야쿠시마 섬 곳곳에서는 수령樹齡 3000년 이상의 아름드리 삼나무들이 태고의 신비를 간직한 채, 쥐라기 시대의 장관을 연출하고 있다.

기둥이 굵고 대들보가 커질수록, 목조 건물의 높이와 규모가 거대해지는 것은 당연시자. 해서, 엄청난 크기와 굵기를 자랑하는 일본의 아름드리 삼나무는 규모에 있어서도 세계 최대, 나이에 있어서도 최고最古의 목조 건물들을 건립하는 1등 공신이 된다. 여기에 굵은 소나무 들보가 얹어지고 해충과 곰팡이에 강한 편백나무 지붕이 덮이면 타의 추종을 불허하는 일본의 목조건물이 완성된다.

일본 교토에 있는 히가시혼간지의 입구인 고에이도몬의 전경. 높이가 27m로 화엄사 각황전보다 12m나 높다. ◉

덧붙이자면, 삼나무는 일본 특산종으로 우리나라에서는 제주도를 제외하면 좀처럼 눈에 띄지 않는 낙우송과 상록 교목이다. 따뜻하고 비 많은 곳에서 잘 자라며, 다 자랄 경우에는 높이만 40m, 밑동 둘레는 7m에 이르는 '나무 중의 나무'다.

이러한 일본 삼나무는 이미 삼국 시대부터 한반도로 팔려나간 수출품이었다. 국립중앙박물관 보존 과학팀 등이 2010년 언론을 통해 발표한 자료에 따르면, 백제의 마지막 수도 부여에서 발굴된 목제품 가운데 일본 열도에서만 자생하는 삼나무가 다수 발견되었다. 말하자면 삼국 시대부터 일본 삼나무는 대한 해협을 건널 만큼 유명한 국가 특산물이었던 셈이다.

재질면에서 볼 때, 삼나무는 유연하면서도 강한 특징을 지니고 있다. 때문에, 침대, 식탁, 책상, 의자 같은 중대형 가구는 물론이거니와 젓가락과 꼬치용 꼬치 같은 소형 도구에 이르기까지 다용도로 사용되고 있다. 삼나무가 지닌 가장 큰 장점은 물에 대단히 강하다는 것이다. 비와 눈이 1년 내내 그치지 않는 일본에서 한평생, 눈과 비를 먹고 자랐으니 물에 강하지

(왼쪽) 세계적 규모의 청동 불상을 간직하고 있는 도다이지의 내부 기둥. 기둥의 굵기를 짐작할 수 있도록 기둥 밑 부분에 구멍을 뚫어 놨다. 이 구멍을 통과해서 나올 수 있으면 무병장수한다는 이야기가 전해져 내려온다. 사진은 자신의 몸을 통과시켜 보려는 관광객의 모습. ◉

(오른쪽) 도다이지 입구에는 대웅전을 지탱하는 기둥 일부를 전시해 그 규모를 생생하게 보여주고 있다. ◉

않다면 그것이 오히려 이상할 수밖에. 하지만 온몸으로 열도인들을 공양해온 삼나무가 얼마 전부터 일본인들에게 복수의 칼을 빼 들고 있어 수천 년간 지속돼온 먹이사슬의 생태 구도가 서서히 뒤바뀌고 있다.

제2차 세계대전 이후, 도쿄와 오사카를 비롯해 대도시 인근의 삼림은 미군의 대대적인 공습으로 철저하게 파괴되는 아픔을 당한다. 더불어, 살아남은 이들이 생존을 위해 산에 들어가 닥치는 대로 벌목하다 보니 일본의 산은 벌거숭이로 전락하게 되었다. 이에 일본 정부는 성장이 빠른 삼나무를 집중적으로 조림造林하며 단시일 내에 국토를 푸른 색으로 포장하기 시작한다. 물론, 조림 사업을 통한 실업자 구제라는 일거양득一擧兩得의 계산도 깔려 있었다. 일본 정부의 이 같은 삼림 정책은 외견상 성공을 거두

애니메이션 '원령공주'의 광대한 자연림은 일본 남단의 야쿠시마(屋久島) 섬을 배경으로 한 것이다. 사진은 태고적 신비를 간직한 것으로 알려진 야쿠시마 섬의 내부 모습. 이끼를 잔뜩 뒤집어 쓴 바위들이 신령스러운 분위기의 나무들 사이에서 냇가 양쪽으로 늘어서 있다(자료: 위키미디어 공용).

며 불과 30~40년 만에 열도가 삼나무 숲으로 뒤덮이는 성과를 낳았다. 관련 자료에 따르면 현재, 인공 조림 가운데 삼나무가 차지하는 비중은 44%에 달한다고 한다.

하지만 성급하게 조성된 자연 환경은 탈을 일으키기 쉬운 법. 봄철이면 삼나무에서 쏟아져 나오는 꽃가루가 어느 해부터인가 서서히 알레르기 증후군을 유발하더니 이제는 일본 국토 전체를 '가훈쇼花粉症'라는 꽃가루 알레르기로 괴롭히고 있다. 어느 조사에 따르면, 봄철마다 '가훈쇼'로 몸살을 앓는 일본인들이 전 국민의 20%에 해당하는 3000만 명 정도에 이른다고 한다. 실로 엄청난 수치가 아닐 수 없다. 이러한 '가훈쇼'는 결석과 결근을 줄줄이 불러일으키며 피해자들에게 정상적인 생활이 힘들어질 정도의 불편을 안겨주는 경우가 많다.

部長、花粉ですか？

今年、花粉どーする？
花粉でお困りのあなたへ。アレジオン10

(왼쪽 위) 삼나무가 꽃을 피우는 3월이면 일본 전국에는 가훈쇼로 고생하는 사람들이 속출한다. 삼나무 꽃가루가 가훈쇼를 유발하기 때문이다. 사진은 삼나무 수꽃이 만개한 모습(자료: 위키미디어 공용)
(오른쪽 위) 봄철이면 기승을 부리는 '가훈쇼'는 꽃가루 알레르기 치료제라는 새로운 시장을 낳았다. 사진은 '가훈쇼'에 따른 콧물 분비로 정상적인 생활이 불가능한 직장인들을 위한 치료제 TV 광고. 코를 물이 줄줄 흐르는 수도꼭지로 표현한 것이 재미있다. ◉
(아래) 지하철 통로에 설치된 '가훈쇼' 치료제 광고판. "올해 가훈쇼는 어떻게 하나?"라며 휴지로 코를 막고 있는 여성의 모습에서 봄철 꽃가루 알레르기에 대한 일본인들의 고충을 느낄 수 있다. ◉

　　그렇다고 달리 해결책이 있는 것도 아니다. 산세가 험한 일본 지형에서 아름드리 삼나무를 지속적으로 베는 것도 쉽지가 않은데다, 벌채 담당 공무원들의 노령화로 삼림 관리가 점점 어려워지고 있어, 눈 뜨고 '가훈쇼'에 당할 수밖에 없는 것이 21세기의 일본인들이다. 그 동안 아낌없이 몸을 내준 삼나무가 수천 년 동안 밀린 외상값을 한꺼번에 받아내고 있다는 생각이다.

07

세 곱절의
인구차가
비극을
불렀다

정유재란이 끝난 지 2년 뒤인 서기 1600년 10월 21일. 일본 기후岐阜현 세키가하라関ヶ原 벌판에서 일본 역사상 최대 규모의 전투가 벌어진다. 도쿠가와 이에야스德川家康가 이끄는 동군東軍과 도요토미 히데요시豊臣秀吉의 오른팔이었던 이시다 미쓰나리石田三成가 선봉에 선 서군西軍이 열도의 패권을 놓고 자웅을 겨룬 것이다. 당시, 전국의 모든 봉건 영주들이 두 패로 갈려 전투를 벌인 세키가하라 전투에서 도쿠가와 이에야스의 동군은 10만 명, 서군은 8만 명이 참전해 교전 병력만 18만 명에 달했다. 결국, 하루 동안 벌어진 세키가하라 전투에서 도쿠가와 이에야스는 승리를 거두고 이후, 도요토미 히데요시의 근거지인 오사카 성을 함락시키며 에도 막부의 기틀을 마련한다.

그렇다면, 여기에서 드는 궁금증 하나. 임진왜란과 정유재란 등 두 차례에 걸쳐 7년간 동북아시아에서 조선과 중국을 상대로 국제 전쟁을 벌였던 일본이 어떻게 종전 2년 만에 일본 역사상 최대 규모의 전투를 벌일 수

에도(江戶) 시대 말기에 그려진 세키가하라 전투 그림. 당시 천하를 놓고 다퉜던 도요토미 히데요시의 가신 이시다 미쓰나리와 도쿠가와 이에야스의 한 판 승부는 이후, 소설과 연극, 만화와 드라마 등을 통해 가장 인기 있는 역사 소재로 사용됐다(작가 미상, 연도 미상, 세키가하라 민족자료관 소장).

있었을까? 두 차례에 걸친 왜란에서 수많은 장정과 백성들을 잃으며 인구가 급감했던 조선은 약 40년 후에 병자호란을 맞이하게 될 때까지도 정규군의 수가 3만 5000명을 넘지 못했는데……

이유는 바로 한국과 차원이 다른 일본의 인구 규모에 있었다. 2017년 현재, 1억 2600만 명으로 세계 11위의 인구 대국이며 한반도 전체 면적에 해당하는 22만km²이상의 국가만을 놓고 보았을 때 인도를 제외하면 세계 최고 수준의 인구밀도를 자랑하는 국가가 일본이다. UN에 따르면 일본의 인구밀도는 1km²당 346명으로, 인구수 13억 명을 자랑하는 인도(452명) 다음으로 높다.

역사적으로 볼 때, 선사시대 이래 동북아시아에서 일본 열도의 인구는

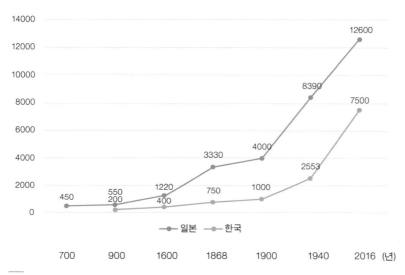

일본과 한국의 역대 인구수 비교.

언제나 한반도에 대해 수적 우위를 점해온 것이 사실이다. 지금처럼 인구
조사가 정밀하게 시행되지 않은 수백 년, 수천 년 전의 기록인지라 정확성
이 떨어지긴 하지만, 일본과 한국의 여러 자료들을 토대로 필자가 조사해
본 바에 따르면 일본의 인구수는 한반도의 2~4배를 유지해온 것으로 나타
났다.

　　기원전인 조몬繩文* 시대에 이미 10만 명에서 26만 명 정도가 열도에 거
주한 것으로 추정되는 가운데, 야요이彌生** 시대에는 약 60만 명이 열도에
터를 잡은 것으로 짐작되고 있다. 일본 인구는, 특히 우리나라의 통일 신

---

* 　일본의 선사시대 중 BC 1만 3000년경부터 BC 300년까지의 기간. 이 시대의 토기에서 볼
　 수 있는 새끼줄 문양의 한자어가 승문(繩文)이며 '조몬'이란 승문의 일본식 발음이다.
** 　기원전 3세기부터 3세기 중반까지에 해당하는 시대.

라에 해당하는 나라 시대에 급증하여 지금의 부산 인구를 약 100만 명 정도 상회하는 450만 명에 다다랐던 것으로 학계는 파악하고 있다. 이와 함께 인구수 약 200만 명 정도의 고려와 동시대인 헤이안 당시에는 일본 인구가 약 550만 명 정도에 이르렀던 것으로 알려지고 있다. 이후, 양국 간의 인구 차는 더욱 벌어져서 임진왜란이 발발한 1500년대 말에는 조선의 인구가 400만 명에 불과했던 데 반면, 일본의 인구는 1200만 명에 육박하는 것으로 추정되고 있다. 덧붙이지면, 한반도의 거주 인구가 1000만 명을 넘은 것은 겨우 100여 년 전인 1900년대 초의 일이다.

그런 연유로 일본은 두 번의 국제 전쟁 이후에도 18만 명의 군인들을 금방 동원할 수 있었다. 대규모 전투를 재개할 수 있었던 또 다른 이유로는 일본 특유의 사무라이 문화를 꼽지 않을 수 없다. 한국의 지배 계층은

18세기부터 에도는 인구 120만 명의 거대 상업 도시로서 명성을 누렸다. 사진은 도쿄 에도 박물관에 전시된 에도 시대의 번화가 모형.

대부분 문관이었던데 반해, 일본 전체 인구의 6% 정도를 차지했던 지배 계층은 무관인 사무라이들이었다. 단순히 계산해보면 임진왜란 당시의 1200만 일본인 가운데 80만 명 정도가 사무라이들이었으며 이 가운데 절반 정도가 전투 가능한 청장년층이라고 볼 경우, 그 수는 40만 명에 달했던 것이다. 이들 중 15만 명 정도는 조선으로 침략 원정을 떠나고 나머지 25만 명 가량이 본토에 대기했기에 왜란 종전 2년 후에 18만 명이 참전한 대규모 전투가 벌어져도 하등 이상할 것이 없었다.

여름철 야외 행사인 불꽃놀이는 에도 시대부터 유행했던 오락이었다. 그림은 다리 위와 강 한복판에서 일본인들이 불꽃놀이를 즐기는 모습을 담았다(안도 히로시게, 1858, 로스앤젤레스 컨트리 미술 박물관 소장).

그렇게 많은 인구 덕에 18세기 일본을 방문한 많은 서양인들은 지금의 도쿄東京에 해당하는 에도가 당시, 세계 최대의 도시 가운데 하나라는데 이견을 달지 않았다. 관련 자료를 찾아보니 이 시기의 에도 인구는 약 120만 명 정도로 이미 현대적 의미의 메트로폴리탄을 형성하고 있었다.

이와 관련해 와키모토 유이치脇本祐一가 지은 『거상들의 시대』에서는 런

에도에서 가장 인기 있는 오락물 가운데 하나가 연극이었다. 그림은 우타가와 도요쿠니(歌川豊國) 3세의 3폭짜리 목판화 작품으로 1858년에 제작됐으며 가부키 '시바라쿠'를 보기 위해 에도 이치무라자 극장에 운집한 관중들의 모습이 연극 무대와 함께 화려하고 조밀하게 그려져 있다(에도 도쿄 박물관 소장).

던이 86만 명, 파리 54만 명, 베이징 50만 명, 그리고 조선의 한양이 30만 명에 그친 18세기 당시, 메트로폴리탄 에도에서 태동한 자본주의와 자본가들을 생생한 필치로 그려내고 있다.

　에도는 1700년대에 접어들면서 화폐를 매개로 한 시장 경제와 상업이 화려하게 꽃 피기 시작한다. 2세기 이상 전쟁 없이 사회가 안정적으로 유지되면서 일본 인구는 더욱 크게 늘어나 1868년의 메이지 유신 시기에 이르면 3000만 명을 넘어서게 된다. 그로부터 30여 년 뒤인 1900년대 초, 한반도의 인구가 1000만 명을 처음으로 돌파했을 때 열도의 인구는 4000만 명을 훌쩍 넘었다.

　그런 의미에서 임진왜란 전부터 10만 양병설을 주장했던 율곡 이이의 건의가 조선에서 실현되기 힘들었던 이유도 수긍은 간다. 당시, 400만 명의 인구에 10만 명의 정규군을 양성하자는 건의는 지금의 5000만 인구에

125만 명의 국군을 유지하자는 말과 다름없었다. 말이 좋아 125만 명이지 지금도 세계 10위의 국방비(2017년 현재)를 지출하고 있는 한국의 국군 규모가 125만 명의 절반인 65만 명 정도라는 것을 감안하면 당시, 이이의 10만 양병설이 얼마나 버거운 건의였는지 충분히 짐작할 수 있다.

오랑캐 나라로 여겨왔던 일본에게 36년간이나 식민 지배를 당하게 되었던 구한말의 상황은 이와 같은 인구 차이 속에서 탄생되었다. 기술과 과학, 학문과 문명 등 모든 것에서 앞서 나간 일본이 인구수에서마저 4배나 앞서 나갔으니 당시의 관점에서 보자면 외부의 도움 없는 자주 독립은 지난했다 해도 과언이 아니다.

여기에서 드는 또 다른 궁금증. 땅 덩어리가 우리의 배라고는 하지만, 일본 인구의 대부분이 거주하는 혼슈는 남북한을 합친 것과 비슷한 면적인데 일본에는 왜 그리 많은 사람들이 몰려 사는 것일까? 그럼, 다음 장에서는 지리적 차원에서 일본에 인구가 많을 수밖에 없는 이유에 대해 알아보도록 하자.

유럽보다 많았던 일본 조총

임진왜란 당시 왜군이 한반도에 처음 선보인 조총은 왜군 다섯 명 당 한 명꼴로 보급되었다. 참고로 조총의 일본식 표현은 뎃포(鉄砲)이며 이는 철포(鐵砲)의 일본식 한자이다. 사진은 철포 부대 출진식 재현 행사가 도쿄 신주쿠에서 있음을 알리는 포스터. ◉

    임진왜란 당시, 조선 정규군의 규모는 15만 명이던 왜군의 1/3을 조금 웃도는 6만 명 안팎이었다. 숫자 면에서 조선군을 압도한 왜군은 다섯 명 가운데 한 명꼴로 조총을 지니고 있었다. 어림잡아 약 3만 정 정도. 이는 동시대 유럽에 있던 화승총들을 모두 합한 수보다 많은 규모였다고 한다.

    덧붙이자면 뎃포란 이름의 조총이 일본에 들어온 것은 임진왜란 50년 전인 1543년,

규슈의 남쪽 다네가시마種子島에 포르투갈인이 표류해 오면서부터다. 당시, 포르투갈인들은 1m 정도 길이의 총을 지니고 있었는데 섬의 영주인 도키타카時堯가 총 2정을 사들여 도공들에게 똑같이 제조토록 지시한 것이 시작이었다.

이후, 사카이堺 지방의 상인을 거쳐 전국에 유통되기 시작한 조총은 도요토미 히데요시가 모시던 무장, 오다 노부나가織田信長에 의해 적극적으로 활용된다. 자신의 조총 부대를 통해 1575년 나가시노長篠 전투에서 다케다武田 군대에게 결정적인 타격을 입힌 노부나가는 이후, 일본 통일의 기초를 마련하게 된다.

3만 정에 이르는 조총을 앞세워 압도적인 수의 왜군들이 몰려오자 국토가 유린당하고 임금이 신의주로 피신할 수밖에 없었던 치욕은 어찌 보면 당연한 것이었다 하겠다.

08

해안선이
길수록
인구도
많다

문 1: "세계에서 해안선이 가장 긴 해안 국가는?"

답 1: "캐나다입니다. 캐나다의 해안선 길이는 20만 2000km로 2위인 인도네시아의 5만 4700km를 압도하고 있습니다."

문 2: "그렇다면 세계 3위의 해안 국가는?"

답 2: "러시아입니다. 러시아의 해안선 길이는 3만 7600km로, 4위 필리핀의 3만 6200km를 근소하게 앞서고 있습니다. 인상적인 사실은 5위에 해당하는 국가가 '일본'이라는 것입니다. 해안선 길이만 2만 9700km로, 대륙 국가인 호주의 2만 5700km를 훌쩍 뛰어넘습니다."

앞 장에서 한반도의 3~4배 인구가 몰려 살아온 일본에 대해 이야기한 바 있다. 이번 장은 그 연장선상에 해당하는 해안선 이야기다.

해안선 길이는 조사 기관과 국가의 이해관계에 따라 결과가 크게 차이

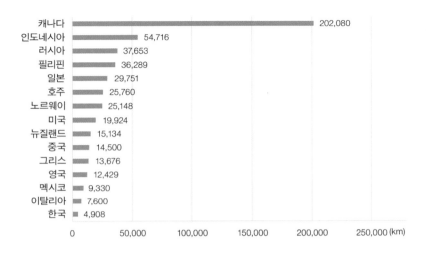

캐나다　202,080
인도네시아　54,716
러시아　37,653
필리핀　36,289
일본　29,751
호주　25,760
노르웨이　25,148
미국　19,924
뉴질랜드　15,134
중국　14,500
그리스　13,676
영국　12,429
멕시코　9,330
이탈리아　7,600
한국　4,908

0　50,000　100,000　150,000　200,000　250,000 (km)

해안선이 긴 국가 랭킹. 한국은 29위이다.
자료: world.bymap.org(2016년).

나는 대상이다. 미국 CIA가 정기적으로 발표하고 있는 국가별 해안선 길이에 따르면 일본은 2만 9700km로 세계 5위를 기록하고 있다. 반면, 일본 해사광보협회海事廣報協會가 발표한 자료를 액면 그대로 받아들이면, 일본의 해안선 길이는 미 CIA 자료보다 20%가 더 늘어나 3만 6000km에 달한다. 이 경우, 일본의 해안선 길이는 캐나다와 인도네시아, 러시아에 이어 세계 4위로 한 계단 더 상승하게 된다.

하지만 2만 9700km이든 3만 6000km이든 미국의 해안선 길이가 약 2만km이며 중국이 1만 4500km라는 사실을 감안해 본다면 일본의 해안선 길이가 국토 면적에 비해 얼마나 긴지 짐작할 수 있다. 세계에서 국토가 가장 길다는 칠레는, 해안선 길이가 6400여km에 불과하다.

그렇다면, 우리나라의 해안선 길이는? 일본의 1/6 수준인 4908km에

해안선 길이는 인구 크기를 보여주는 중요 척도 가운데 하나다. 칠레는 국가 면적이 75만km²로 일본(38만 km²)보다 두 배 이상 넓음에도 불구하고 해안선 길이는 일본 해안선 길이의 1/5~1/6에 불과하며 인구는 1800만 명으로 일본 인구의 1/7 수준이다.

불과하며 이베리아 반도의 대부분을 차지하는 스페인(4964km)과 비슷하다. 그러고 보면, 일본에서 해안선 길이가 가장 긴 행정구역은 홋카이도인데 그 길이가 4402km에 달하고 있으며, 2위에 속하는 나가사키長崎현 역시 4196km로 한반도와 별 차이가 없다.

일본의 해안선 길이가 3만 6000km라는 일본 측 주장을 액면 그대로 수용할 경우, 일본 해안선의 길이는 적도 둘레(약 4만km)의 85%에 해당하게 된다. 신일본견문록 첫번째 책 『일본을 보면 한국이 보인다』에 실린 글에서 필자는 일본 열도가 얼마나 길게 뻗어 있는지에 대해 설명한 적이 있다. 당시, 예로 든 이야기는 도쿄에서 히로시마까지의 거리(675km)보다 서울에서 히로시마까지의 거리(605km)가 가깝다는 것이었다.

미 CIA의 자료에 따르면 인구 1인당 해안선 길이에서 대부분의 국가들

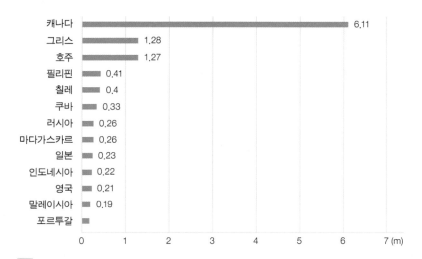

인구 1인당 해안선 길이(인구 1000만 명 이상 국가)(단위: m)
자료: world.bymap.org(2016년), worldometers(2017년).

은 일본(0.23m)보다 짧다. 가령, 포르투갈은 인구 1인당 해안선 길이가 0.17m이며, 말레이시아는 0.19m, 영국 0.21m로 모두 일본보다 짧다. 세계 2위의 해안 국가인 인도네시아조차 인구가 2억 5000만 명에 달해 인구 1인당 해안선 길이는 0.22m로 일본보다 약간 짧다. 말하자면 해안선 대비 인구 밀도는 오히려 이들 국가가 과밀하다는 것이다.

일본보다 1당 해안선 길이가 더 긴 국가(인구 1000만 명 이상)는 전 세계에서 러시아(0.26m), 쿠바(0.33m), 칠레(0.40m), 호주(1.27m), 캐나다(6.11m) 등 8개국에 불과하다.

그렇지만 1인당 해안선 길이가 6.11m로 타의 추종을 불허하는 캐나다는 국토가 대부분 한랭 지역에 펼쳐져 있는데다 이주 역사마저 짧기에 다른 지역과 해안선 길이에 따른 인구 비율 방식으로 단순 비교하기에는 무

비행기를 통해 바라본 간토 평야의 모습. 지평선 끝에 보이는 산이 일본의 영산(靈山), 후지산(富士山)이다. 후지산에 이르기까지 거칠 것이 하나도 없는 간토 평야가 드넓게 펼쳐져 있다. ◉

리가 있다. 역시 국토 대부분이 한랭 지대인 러시아나 이주 역사가 200여 년에 불과한 호주도 사정은 매한가지다. 따라서 이들 국가를 제외하면 쿠바와 칠레 정도만이 1인당 해안선 길이에서 일본을 앞서고 있으며 대부분의 국가들은 1인당 해안선 길이가 일본보다 짧다.

그런 의미에서, 여타 국가에 비해 유달리 긴 일본의 해안선은 국토의 70% 이상이 험준한 산악으로 뒤덮인 열도에서 예로부터 수많은 인구가 거주할 수 있었던 충분조건을 제시해온 셈이다.

강과 바다가 만나는 삼각주에 거주하면서 문화를 형성하고 문명을 일궈 나간 인류사와 같은 맥락이라고나 할까? 더욱 인상적인 사실은 이렇게 긴 해안선을 가지고 있는 일본이 평야에서도 세계적인 땅덩이 규모를 자랑한다는 것이다.

도쿄에서 전철을 타고 동쪽이나 서쪽으로 향할 경우 차창을 통해 남북

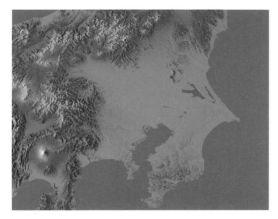

간토(關東) 평야의 광활함은 지도를 통해서도 금방 확인된다. 사진은 컴퓨터그래픽으로 일본의 지형을 표시한 지형도. 혼슈의 도쿄 주변에 광활하게 펼쳐진 초록색 부분이 간토 평야를 포함한 지역이다(자료: 위키미디어 공용).

양쪽으로 시야가 탁 트이는 전경을 상당히 오랫동안 목격하게 된다. 동서 길이가 130km에 이르며 남북 길이도 100km에 달하는, 면적 1만 5000km²의 간토關東 평야가 그것이다. 충청남·북도를 모두 합친 크기에 해당하는 이 면적은 한국에서 가장 넓다는 호남평야가 1600km² 정도라는 것을 감안해 볼 때, 무려 10배에 가까운 엄청난 규모다. 이에 대해 전 문화부 장관이었던 이어령 교수는 그의 저서 『축소 지향의 일본인』을 통해 무사시노武藏野 들판의 광활함을 거론하고 있다. 무사시노 들판이란 도쿄 서부에 있었던 평야 지대로 지금은 대규모 주택단지가 조성된 지역. 그렇다고 드넓은 평지가 일본 본토인 혼슈本州에만 있다고 생각하면 오산이다. 홋카이도 역시 네무로根室와 구시로釧路에 걸친 광대한 들녘, 곤센겐야根釧原野를 지니고 있다.

역사적으로 볼 때, 일본 최대의 인구 밀집 지역인 간토 평야는 도쿠가와 이에야스가 열도의 패권을 장악할 수 있도록 기반을 제공해준 병참기지였다. 17세기 초, 간토 평야가 생산할 수 있었던 쌀의 양은 일본 최대 규

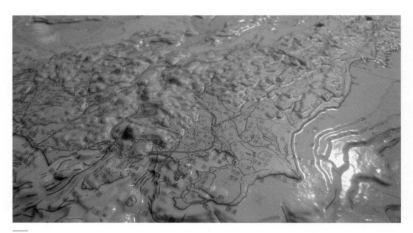

입체 지도로 본 간토 지방. 역시 간토 평야가 끝나는 왼쪽에 유달리 높게 튀어나온 후지산이 보인다. ◉

모에 해당하는 연간 200만 석이었다. 현대의 무게 단위로 환산해보면 30만 톤에 가까운 대단한 규모. 참고로 쌀 한 석_柘이란 성인 남자 1명이 1년간 먹을 수 있는 분량으로, 20kg들이 쌀 포대로는 약 6~7개에 해당한다. 그리하여 성인 200만 명을 1년간 먹여 살릴 수 있는 간토 평야의 저력은 도쿠가와 이에야쓰가 수만 명의 정규군을 유지할 수 있었던 비결이자 원동력이 되었다.

그래서일까? 간토평야의 광활함을 부담스러워 한 미나모토 요리토모源賴朝는 간토 평야가 끝나는 남쪽 끝, 삼면이 험준한 산으로 둘러싸인 가마쿠라鎌倉에 일본 최초의 무사 정권을 세웠다. 마치 태조 이성계가 무학대사의 조언을 받아들여 인왕산과 북한산, 남산과 낙산으로 둘러싸인 한성에 도읍을 정한 것처럼.

간토평야가 도쿠가와 이에야쓰에게 날개 하나를 더 달아준 것으로는 간토평야 밑바닥에 깔려 있는 화산재 퇴적토를 들 수 있다. '간토 롬'이라는 불리는 비옥한 화산회토는 그렇지 않아도 넓은 평야에 넘칠 정도로 풍부한 농산물을 양산해 내는 결정적인 기제로 작용했다. 한데 그와 같은 호조건 속에서도 소식小食하는 일본인들의 전통을 생각해보면 참으로 알다가도 모를 일이 세상사라는 생각이다.

재미있는 고쿠다카(石高) 이야기

봉건 영주인 다이묘의 재력 및 병력 규모와 동일시됐던 고쿠다카는 토지의 수확량 단위인 '석石'에 기초한 토지 표기 방식이다. 1석을 생산할 수 있는 1고쿠다카는 어른 한 명이 1년에 먹는 쌀의 양에 해당하는 것으로, 보통 180리터 용량에 무게는 144kg 정도 나간다. 고쿠다카는 에도시대 주요 화폐 단위로서 전답, 저택, 토지의 가치가 모두 고쿠다카로 표기되었다.

역사적으로 볼 때, 17세기 말 일본의 쌀 총생산량은 2580만 석으로 370만 톤에 달했다. 참고로 2016년 현재 우리나라의 쌀 생산량은 420만 톤 정도이며 일본은 2015년 현재 744만 톤 안팎이다.

짚으로 만들어 곡식을 담던 일본의 전통 용기 '코메다와라(米俵)'. 크기가 일정하지 않아 지역마다 1말(약 14kg) 또는 2~3말 등 다른 용량의 코메다와라가 유통되었다. 앞서 언급했던 1고쿠다카(石高)는 10말에 해당한다(자료: 위키미디어 공용).

에도시대에는 5000석 이상의 고쿠다카를 가진 이가 1만 명가량이었다고 한다. 5000석 정도면 대략 100~120명 정도의 군인을 먹여 살릴 수 있다고 하니 고쿠다카가 약 400만 석에 이르렀던 도쿠가와 쇼군 가문은 자체적으로 8만~10만 명 정도의 군인을 보유할 능력을 지니고 있었던 셈이다.

'코메다와라'와 함께 유통됐던 또 다른 곡식 용기가 '가마쓰(叺)'였다. 소금이나 석탄 등을 실어 나를 때도 사용됐는데 일제시대 때 쌀을 수탈하는 과정에서 우리나라에 들어오며 알려지게 됐다. 후에 가마니란 이름으로 바뀌어 우리나라에서도 폭넓게 유통되었다(자료: 위키미디어 공용).

특히 5, 6학년의 경우에는 북한의 매스 게임을 보는 듯한 착각을 불러일으키기에 충분했다. 3인 1조, 6인 1조, 10인 1조, 15인 1조가 돼서 만들어내는 각종 인간 피라미드 형상들은 '내가 지금 초등학교 운동회에 온 것이 맞나?' 하는 의구심을 자아내기에 충분했다.

じん

人

현재
—
사람

09

쇼생크
탈출

"화장실 좀 갔다 와도 되겠습니까?"

살인죄로 평생을 감옥에서 보낸 레드(모건 프리먼 분)가 40년 만에 석방되어 처음으로 일을 하게 된 어느 대형 슈퍼마켓의 계산대. 잠시 한가한 틈을 타, 주변에 서 있던 지배인에게 조용히, 그러나 공손하게 물어본다.

"그런 건, 내게 묻지 않아도 괜찮아요. 제발, 가고 싶을 때는 언제든 갔다 오세요."

당황과 곤혹, 짜증과 경멸이 섞인 지배인의 귓속말. 곧이어, 모건 프리먼의 독백이 뒤를 잇는다.

"감옥에선 화장실을 다녀오려면 반드시 간수의 허락을 받아야 했다. 그렇게 40년을 살아왔다. 내가 이 세계에 잘 적응할 수 있을까?"

1994년에 개봉된 미국 영화, 〈쇼생크 탈출〉은 여러 면에서 세간의 화제를 모은 작품이었다. 스티븐 킹Stephen King 원작의 베스트셀러였던 소설

미국 인류학자였던 루스 베네딕트는 제2차 세계대전 도중 미 국방성으로부터 의뢰를 받아 일본에 대한 인류학적 보고서를 작성한다. 일본 땅을 밟아본 적이 없음에도 불구하고 수많은 문헌과 재미 일본인들을 상대로 인터뷰를 한 끝에 탄생한 명저, 『국화와 칼』은 이후 일본을 이해하는 가장 유명한 책으로 자리매김하게 된다(미국 의회도서관 소장).

이 영화화된 것도 그러했고, 팀 로빈스Tim Robbins, 모건 프리먼Morgan Freeman 등 쟁쟁한 배우들이 펼친 명연기 또한 그러했으며, 영화 후반부의 극적인 반전 역시 그러하였다. 하지만 필자에게 〈쇼생크 탈출〉은 자유의 소중함을 탁월하게 묘사했다는 점에서 더욱 의미 있게 다가온 작품이었다.

나는 이 나라에서는 대체 어떻게 행동해야 하는지 전혀 짐작이 가지 않는 나 자신에 대해, 또 내가 이때까지 받아온 예절을 비웃는 것처럼 느껴지는 환경에 대해 분노를 느꼈다. …… 나는 나 자신이 다른 세계에서는 아무 소용도 없는 감각과 감정을 가진, 다른 유성에서 떨어져온 생물체처럼 느껴졌다. 모든 동작을 얌전하게 하고, 모든 말투를 예의에 맞도록 하기를 요구하는 나의 일본식 예절이, 이 나라(미국)의 환경 속에서 — 거기에서 나는 사회적으로 완전히 장님이었지만 — 나를 극도의 신경과민과 자의식에 빠지게 했다(베네딕트, 2005: 299).

일본과의 전쟁이 한창 중이던 1944년, 미 국방성은 당대의 저명한 인류학자 루스 베네딕트에게 적국에 관한 심층 연구를 의뢰한다. 서구적 관점에서 도저히 이해할 수 없는 일본의 광기를 상대로 백전백승하기 위한 지피지기知彼知己의 일환이었다.

교전 중인 상황이었기에 현지 실사가 불가능했던 베네딕트는 수많은 자료 및 재미 일본인들과의 인터뷰를 바탕으로 프로젝트를 완성시켜 나간다. 대일서적 가운데 지금껏 최고의 명작으로 손꼽히는 『국화와 칼』의 탄생 배경이다.

『국화와 칼(The Chrysanthemum and the Sword)』(1946) 초판본 표지.

이 책 속에서 베네딕트는 태평양 전쟁 전, 미국으로 유학 갔던 어느 일본 여성의 자서전을 인용하며 미국과 일본의 차이를 설명하고 있다. 루스 베네딕트에 의해 세상에 널리 알려진 이 여성의 '문화 충격'은 이후, 수동적이고 타율적으로 길들여진 일본인들의 본성을 논하는 데 가장 많이 인용되는 단골 문구가 됐다.

지난 800년간 무사들이 백성들의 생사여탈권을 움켜쥐어 온 나라. '금지'

라는 규범과 '복종'이라는 도덕률로 열도 안의 나무 한 그루, 풀 한 포기까지 칼 아래 굴복시켜온 나라. 명령과 지시, 무력과 강압이 상부구조를 형성하고, 순종과 침묵, 타율과 몰개성이 자연스레 하부구조로 뒤따라온 나라. 그런 일본은 〈쇼생크 탈출〉에서 바깥 사회에 도저히 적응하지 못한 모건 프리만이 자살을 기도했던 '금지의 왕국'이다.

'금지'와 '통제'의 상부구조는 일본 역사상, 가장 안정적인 군인 정권을 수립한 도쿠가와 막부에 이르러 절정에 다다르게 된다. 에도 막부의 3대 장군인 도쿠가와 이에미쓰德川家光 때 쓰여진 『케이안오후레가키慶安御觸書』는 집권층이 농민 통제를 목적으로 발령한 법률서다. 술이나 차를 구입해서는 안 되고 쌀 대신 조, 피 같은 잡곡만 먹어야 하며 마와 목면 이외의 옷은 입지 않도록 규제하는 내용 등을 담고 있다.

막부의 허락 없는 영주들 간의 통혼은 불법으로 규정됐거니와, 지방의 모든 영주는 막부 정권의 감시를 위해 격년제로 수도인 에도에 올라와 근무해야 했다. 물론, 그들의 부인과 아이들은 에도에 항시 볼모로 잡혀 있어야 했고. 지금은 온천 명승지가 된 에도 막부의 서쪽 관문, 하코네箱根에서 행해졌던 가장 중요한 업무 역시, 혹시 있을지 모를 볼모들의 탈출 예방이었다.

지방 영주와 해당 가족들에 대한 감시가 이럴진대 백성들에 대한 통제

사진은 『케이안오후레가키(慶安御觸書)』의 표지. 현재 원본은 전해지지 않는다(와세다 대학교 소장).

'도에이 미타(都営 三田)' 지하철 노선의 가스가(春日) 역 스크린 도어에 붙어 있는 금지 표시들. '스크린 도어에 기대지 말라'는 것에서부터 '스크린 도어를 넘어가지 말라'는 것에 이르기까지 모두 7개의 금지·주의 표시가 붙어 있다. ☜

는 오죽했을까? 당시 막부의 향락적 소비 행태를 지탱해야 했던 농민들은 사농공상의 분리 원칙에 따라 한평생 농촌에 살아야만 했으며 여행 허가 증 없이 여행하다 발각될 경우에는 사형에 처해졌다. 전답의 매매 역시 불 가능했다. 농민들은 또, '5인조' 제도라는 상호 감시제를 통해 세금 불납不納 과 범죄에 관한 연대 책임을 져야 했다. 이러한 상호 감시 제도는 제2차 세 계대전 당시 '도나리구미隣組'라는 이름으로 부활해 일본인들을 괴롭힌다. 상인도 봉건제도의 근간을 흔들 수 있다는 우려에서 집중 감시와 밀착 통 제의 대상이었다. 때문에, 의복 선정에서부터 우산 선택은 물론, 혼례식이 나 장례식 같은 예식 비용의 지출에 이르기까지 온갖 제약이 가해졌다.

그렇다고, 이러한 사실이 단지 과거 속의 비극이냐 하면 그것도 아니

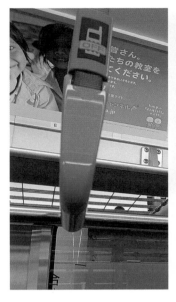

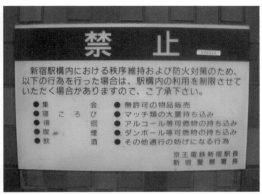

(위) 도쿄 신주쿠(新宿) 역 출입구에 붙어 있는 금지 표시 목록. 집회, 무단 노숙, 배회, 음주, 성냥 대량 반입 등 모두 10가지의 금지 목록이 지하철 역장 명의로 나열되어 있다. ◉

(왼쪽) 일본 지하철이 조용할 수밖에 없는 이유 중 하나. 전동차 손잡이에도 휴대전화의 전원을 끄라는 경고 표시가 붙어 있다. ◉

다. 장면을 현재로 옮겨와도 사정은 별반 다르지 않다. 가는 곳과 보는 것, 앉는 자리와 일 보는 장소가 온통 금지 표시로 덮여 있는 까닭에서다. 특히, 사람들이 많이 몰리는 전철과 공공장소는 금지와 통제의 백화점이나 다름없다. 전철역에 들어서면, '24시간 금연,' 에스컬레이터를 탈 때면 '두 줄 서기 금지'가 승객을 맞이한다. 지하철 승강장에 당도하면, 승강장 스크린 도어에 기대지 말라고 경고하고, 전철 문이 열릴 때면, 손이 문틈에 끼인다고 겁준다. 전철 문이 닫힐 때면 전철 안으로 뛰어들지 말라고 확성기로 다짐하고, 전철 벽과 전철 손잡이에선 전화벨을 진동 모드로 바꾸라고 경고한다.

사정이 이렇다 보니 가끔 도를 넘는 황당한 주의도 종종 마주치게 된다. '선로 안에 뛰어들지 말라'는 금지 표시와 자전거를 갖고 탈 때는 반드

눈을 어디로 돌리든 금지 표시는 넘쳐난다. 사진은 오른쪽 위부터 시계방향으로 은행과 도로 위, 공원과 박물관 입구에 각각 적혀 있는 여러 종류의 금지 표시들. ☞

시 비닐로 잘 포장하라는 주의 표시가 그것이다. 물론, 전철 손잡이에 매달려 노는 행위도 금지이며, 쇼핑에서 산 물건을 전철 안에서 꺼내보는 행위도 금지다.

꼭 이렇게까지 안전콘을 늘어놓아야 할까? 세어보니 자동차 1대를 댈 수 있는 공간에 주차를 금지하는 안전콘은 모두 11개였다.●

하지만 이 모든 것의 최고봉은 역시, 도쿄 신주쿠 전철역 입구에 붙은 '금지 종합선물세트'다. 무허가 판매 금지, 집회 금지, 침식 금지, 배회 금지, 흡연 금지, 음주 금지, 폭발물 반입 금지 등 상상하기조차 힘든 카테고리들이 10가지나 열거되어 있는 표지판을 보노라면 그만 넋을 놓게 된다.

지나친 경고는 눈치를 불러오고, 눈치는 위축으로 이어지는 법. 주변을 온통 시뻘겋게 감싸고 있는 주의 표지판과 금지 표지판은 사람으로 하여금 날개를 펴고 마음껏 행동하게 하기보다 주눅 들고 주변 상황을 살피게 만드는 마력魔力을 발휘한다. 아닌 게 아니라, 일본 국민들이 가장 온순하며 질서를 잘 지키는 데는 이러한 금지 및 주의 표시가 한몫 했다는 생각이다. 실제로, "남에게 절대로 폐를 끼쳐서는 안 된다"라는 말을 어렸을 적부터 귀가 따갑도록 듣고 자라온 이들이 일본인이다.

그런 의미에서 '자살 금지' 표시만 없는 일본의 현실은 더욱 아이러니하게 다가온다. 자살 금지 표시가 없어선지, 아니면 여타 금지 표시에 시달려서인지 모르지만, 1인당 국민 소득 3만 달러 이상의 선진국 가운데 최고 수준의 자살률로 악명을 떨치고 있는 국가가 '일본'이기 때문이다. 세계보건기구WHO에 따르면 2017년 현재, 일본의 인구10만 명당 자살률은 19.7

순위	국가	인구 10만 명당 연간 자살자 수	1인당 GNP
1	한국	28.7	(27,195)
2	일본	19.7	(32,486)
3	벨기에	20.5	(40,107)
4	프랑스	16.9	(37,675)
5	오스트리아	16.4	(43,724)
6	핀란드	16.3	(41,974)
7	스웨덴	15.4	(49,866)
8	스위스	15.1	(80,675)
9	미국	14.3	(55,805)
10	뉴질랜드	12.6	(37,045)
11	캐나다	12.3	(43,332)
12	호주	11.8	(50,962)
13	노르웨이	10.9	(74,822)

주요 선진국들의 2015년 자살률 비교. (단위: 명, US달러).
자료: WHO

명으로 OECD국가 중 2위이다. 그럼에도 불구하고 일본의 이 같은 비극이 그저 남의 이야기 같지 않은 이유가 있다. 자살률에 있어 한국이 2017년 현재 10만 명 당 25.6명으로 OECD국가 중 1위를 차지하고 있기 때문이다. 그렇게 볼 때, OECD 국가 중 자살 1위 국가가 자살 2위 국가인 금지의 왕국을 바라보는 시선은 씁쓸하고 복잡할 뿐이다.

여기서 잠깐

도쿠가와 쓰나요시(德川綱吉)의 동물살상 금지령

일본 역사에 있어 '금지'의 백미는 뭐니뭐니 해도 1685년의 '동물 살상 금지령'이다. 도쿠가와 막부의 5대 장군으로 슬하에 자식이 없었던 쓰나요시는 부처님의 힘으로 자녀를 얻고자 모든 짐승들의 살생을 금지시켰다.

공공장소에서 바퀴벌레를 밟거나 모기를 잡는 것조차 법을 어기는 것으로 간주돼 적발될 경우에는 유배형에 처해졌다. 쓰나요시는 특히 개띠 해에 태어난 자신의 팔자대로 일본 내의 모든 개들을 신처럼 떠받들 것을 명령했다.

결국, 사상 유래 없는 '개 팔자, 상팔자'의 태평성대가 일본에서 25년 동안 지속됐다. 최고재판소 앞에서 개 싸움으로 개가 죽는 바람에 관헌들이 처벌을 받는 등 당시 웃지 못할 비극들이 속출했고, 이후 수많은 만담과 개그를 통해 쓰나요시의 실정은 두고두고 회자됐다. 그렇게 모든 백성들을 괴롭히던 '동물 살상 금지령'은 쓰나요시가 죽은 다음날 폐기됐다. 재미있는 사실은 그러한 노력에도 불구하고, 정작 쓰나요시는 자식을 얻지 못했다는 것이다.

10

사회 전체가 거대한 병영이다

장면 1

벨기에 브뤼셀의 유럽연합 본부 앞에서 펄럭이고 있는 유럽연합 국기(자료: 위키미디어 공용)

1993년, 유럽 역사에 기념비적인 사건이 일어난다. 12개 국가를 주축으로 하는 단일 유럽, EU가 탄생한 것이다.

서로마제국 붕괴 이후, 1500년 만의 실질적인 유럽 재통합. 여기에는 독일의 참여가 결정적이었다. 경제력으로 보나 인구수로 보나 유럽 최강국임에도 불구하고, 주변국들이 독일의 EU 가입을 반대할 경우에는 EU 자체가 성립될 수 없었다.

70년 전, 나치를 앞세워 프랑스,

폴란드, 네덜란드, 노르웨이 등 17개 유럽 국가들을 유린하고 유태인들을 600만 명이나 학살했던 독일이 반세기 만에 EU 창설의 주역으로 초대받게 된 데는 남다른 노력이 있었다.

제2차 세계대전 이후 독일 내에서는 공식적인 졸업식이 사라졌다. 자칫 권위주의를 불러일으킬 수 있다는 우려에서였다. 음악 시간에는 합창도 없어졌다. 운동회 같은 집단 행사는 당연히 폐지되었다. 그렇게 전체주의적으로 흐를 만한 행사들은 독일에서 모조리 자취를 감췄다.

장면 2

1945년, 히로시마와 나가사키에 원자폭탄을 맞은 일본이 무조건 항복했다. 이후, 일본을 아시아의 스위스로 만들겠다는 맥아더 장군의 계획대로 일본은 농업 국가의 길을 향해 걸어간다.

하지만 중국이 공산화되고 북한이 남침을 감행하면서 미국의 계획은 급격히 수정된다. A급 전범, 기시 노부스케岸信介를 수상에 앉힘으로써 일본의 외교권과 군사권을

기시 노부스케(자료: 위키미디어 공용)

장악하고, 열도를 공산주의 방패막으로 삼기 시작한 것이다.

결국, 일본은 구 제국주의 인사들이 처벌받지 않은 채 국가행정을 주무르기 시작하면서 시나브로 과거의 모습으로 돌아간다.

(위) 신학기가 시작되는 봄이 오면 TV는 란도세루 광고로 봇물을 이룬다. 사진은 신학기가 임박했음을 알리는 모 업체의 란도세루 광고.

(오른쪽) 도쿄 이케부쿠로(池袋)에 있는 란도세루 전문점의 내부 모습. 소학교 6년 동안 한결같이 메고 등교해야 하는 란도세루는 가죽으로 만든 까닭에 중고품은 2~3만 엔(20~30만 원) 정도이며, 고급품은 10만 엔(약 100만 원)을 훌쩍 넘는다. ◉

장면 3

　일본 소학교에 다니게 된 필자의 자녀들에게 '란도세루'를 들려 보냈다. 군용 배낭 비슷하게 생긴 란도세루는 일본 초등학교 어린이들의 필수품이다.

　어느 누구도 강요하지 않지만, 매지 않고는 등교할 수 없는 가방이다. 가격이 50~60만 원은 훌쩍 뛰어넘는 고가품이라 한국에서 쓰던 아이들의

사고 방지를 위해 정해진 시간에 집 근처의 지정된 장소에 모여 한꺼번에 등교하는 소학교 어린이들. 노란 모자를 쓰고 노란 덮개를 씌운 란도세루를 맨 어린이들은 올해 입학한 1학년생들이다. ◉

등교 가방을 들려 보내고 싶었지만, 학교 분위기는 도저히 그것을 수용할 수 있는 것이 아니었다.

　모든 학급 아이들에게 일괄적으로 나눠주는 미술 도구와 악기, 체육복과 급식용 식기는 모든 것이 획일화되고 정형화된 일본과 일본인을 좀 더 직접적으로 또 제대로 느끼게 해주었다.

　장면 4

　일본에 와서 산 지 6개월이 지나자 웬만큼 일본을 알게 되었다고 자만하기 시작했다. 그때쯤 초대받은 소학교 운동회. 한국에서도 큰아이의 운동회를 보아온지라 기대감에 들떠 학교로 향했다. 이후, 6시간 내내 이어진 충격과 당혹감.

운동회라기보다 거대한 집체극集體劇을 '시찰'하는 느낌이었다. 교장 선생님과 교직원들 앞에서의 엄숙한 선서 이후, 곧바로 이어진 학생들의 응원전에서는 군대를 방불케 하는 절도 있는 동작이 참여자와 참관자의 전투의욕을 서서히 고조시켰다.

더욱 놀라운 것은 각 학년들이 보여준 협동 체조. 특히 5, 6학년의 경우에는 북한의 매스 게임을 보는 듯한 착각을 불러일으키기에 충분했다. 3인 1조, 6인 1조, 10인 1조, 15인 1조가 돼서 만들어내는 각종 인간 피라미드 형상들은 '내가 지금 초등학교 운동회에 온 것이 맞나?' 하는 의구심을 자아내기에 충분했다.

덧붙이자면 협동 체조의 화룡점정畫龍點睛. '구미타테타이소組み立て体操' 또는 '구미타이소組体操'라 불리는 운동회 협동 체조는 매년 부상자가 속출하는 까닭에 일본에서도 논란이 많다. 2016년 가을 운동회 때에는 규슈, 오키나와, 야마구치山口 현에서만 39명이 골절 부상을 입었다. 때문에 소학교 운동회에서 협동 체조를 금지하는 지방자치단체들이 매년 조금씩 늘고 있다.

어쨌거나 이날 필자를 가장 놀라게 한 사실은 진행된 수많은 행사들의 연계가 무서울 정도로 정확하고 매끄럽게 이어졌다는 것이었다. 협동 체조를 마치면, 100m 달리기로, 100m 달리기가 끝나면 줄다리기로 이어지는 과정은 톱니바퀴처럼 딱딱 들어맞았다.

얼마나 사전 준비를 철저히 했는지, 예행연습과 도상연습은 어찌나 많이 했는지, 100m 달리기를 하는 와중에 운동장 한쪽 구석에서는 선생님과

일본 소학교 운동회의 백미, 협동 체조의 시작. 먼저 3인 1조가 그 동안 꾸준히 연습해온 협동 체조를 펼친다(①). 다음은 6인 1조가 돼서 펼치는 협동 체조(②). 10인 1조가 돼서 펼치는 인간 피라미드 쌓기 모습(③). 마지막은 15인 1조이다(④). 참고로 필자는 태어나서 이제껏 이런 것을 해본 적도 없으며 가까이에서 본 적도 없다. ◉

①

②

③

④

⑤

일본 소학교의 운동회(①). 운동회를 위해 만든 출입구(②)를 통해 홍팀과 백팀이 입장하는 것으로 행사는 시작된다(③). 이후 교장선생의 당부 사항을 들은 후(④), 응원 부대가 행사에 앞서 머리띠를 두르고 응원 깃발을 흔들며 선전을 독려한 다음(⑤), 본격적인 운동회에 돌입한다.

일장기의 나라답게 홍팀과 백팀으로 나눠 운동회를 펼치는 게 인상적이다. ◉

미국 초등학교 운동회의 모습. 자유로운 복장을 하고 도구를 이용해 물통 안에 있는 공을 또 다른 물통 안으로 던져 넣는 놀이를 하고 있다(자료: William Jackson/위키미디어 공용).

고학년들이 줄다리기 도구를 챙기고, 줄다리기가 끝나면 대기하고 있던 팀이 무섭게 줄을 걷어갔다. 군인들도 소화해내기 힘든 완벽함. 운동회는 유인물에 적힌 대로 정확하게 3시에 끝났다.

운동회에서 받은 충격이 너무 컸기에 미국에서는 운동회를 '어떻게 하나?' 인터넷을 뒤져보았다. 그랬더니 하는 곳, 하지 않는 곳, 제각각이기는 하나 운동회를 하는 학교들은 공통적인 특색을 지니고 있었다. 학생들에게 사전 연습을 시키는 일 따윈 하지 않는다는 것이었다.

심지어 어느 학교에서는 선생님에게 물 풍선을 던지고, 즉석에서 신발 벗어 멀리 날리기 대회를 개최하는 등 그야말로 신나게 즐기다 돌아오는 '축제'로 승화시키고 있었다. 2학기가 시작되자마자 운동회 준비로 매주 서너 번씩은 파김치가 돼 돌아오던 필자의 아이들이 머릿속에 겹쳐지는 순간이었다.

학교 교복에 학교 가방을 둘러매고 학교 구두까지 똑같이 맞춰서 입고 등하교해야 하는 것은 고등학생들도 마찬가지다. ◉

　문득 주변을 둘러보니 중, 고등학교에서 아직까지 교복을 입는 것하며, 입사入社하는 순간부터 남녀 모두 검은 양복과 점은 양장으로 출퇴근하는 일본이 눈에 들어왔다. 하다못해 일용 노무자조차 '닛카폿카즈 ニッカーボッカーズ'라 불리는 일본 특유의 작업복을 맞춰 입고 작업 현장을 누비고 있었다.

　그래서일까? 규율과 획일로부터 자유로워지고 싶은 욕망은 이른바 젊은 세대들로 하여금 더욱 반항적으로 옷을 입도록 강제했다는 생각이다. 요란하고 정신 없는 옷으로 시내 한복판에서 내지르는 젊은이들의 '소리 없는 아우성'은 그래서 더욱 안타깝게 다가온다.

(왼쪽) '닛카폿카즈'라 불리는 일본 특유의 공사장 작업 바지. 일본에서는 공사 현장에서조차 이같이 규격화된 작업복들이 쉬이 눈에 띈다. ☞

(오른쪽) 제복과 유니폼으로부터 결코 벗어날 수 없는 것이 일본인들의 숙명이다. 사진은 TV에 방영된 어느 회사의 면접 모습. 참가자들 모두 검은 색 정장 차림에 흰 와이셔츠를 입은 채 대기 중이다. ☞

    그런 의미에서, 5년 간의 실험 끝에 지난 2007년 초라하게 막을 내린 '유토리(여유) 교육' 프로젝트는 출발부터 실패가 내정됐던 '환상'이었다. 창의적인 교육을 통해 일본을 바꿔보자는 의도에서 실시된 유토리 교육은 태어나는 순간부터 죽을 때까지 금지와 통제, 훈련과 규율 속에 일생을 마쳐야 하는 박토薄土*에서 애당초, 발아 불가능한 씨앗이었다.

    모두가 같은 방식으로 자라고, 같은 방식으로 교육받으며 같은 방식으로 삶을 지속해야만 하는 나라. 그런 일본은 뿌리부터 잎사귀까지 전체주의 국가다.

* 척박한 토양, 엷을 薄 흙 土.

11

열린
음식과
그 적들

　19세기 중반 스위스 빈터투어에서 태어난 하인리히 뵐플린Heinrich Wölfflin은 20세기 미술사에 커다란 획을 그은 인물이다. 철학적 접근이 주를 이루던 미학에 회화적 시각을 도입함으로써 르네상스 미술과 바로크 미술의 특징을 명쾌하게 규정했기 때문이었다.

　뵐플린이 제시했던 르네상스 미술과 바로크 미술 사조 간의 가장 큰 차이는 '형식'이었다. 르네상스 시대의 그림들이 중요 사건을 한 장면으로 축약해 이야기를 완결 짓는 '닫힌 형식'이었다면, 바로크 미술은 한 사건의 일부만 그려냄으로써 이야기가 계속 진행되는 듯한 '열린 형식'을 추구했다는 것이다.

　뵐플린은 또, 선적인 것에서 회화적인 것으로 서양 미술이 바뀌어갔다며 대상물의 흐린 외곽선을 통해 등장인물들이 주위에 녹아드는 채색이 바로크 미술의 가장 큰 특징이라고 보았다.

　이후, 뵐플린의 분석은 르네상스 미술과 바로크 미술을 구분 짓는 규

뵐플린에 따르면 르네상스 회화와 바로크 미술을 구분 짓는 가장 큰 특징은 이야기가 완성되었느냐 완성되지 않았느냐의 '닫힌 형식' vs '열린 형식' 차이에 있다. 더불어서, 외곽선의 명료함도 등장 인물들이 주변 분위기에 어우러지느냐 어우러지지 않느냐를 가리는 중요한 기준이 된다.

위 그림은 르네상스 미술의 가장 보티첼리의 〈비너스의 탄생〉, 그리고 아래는 바로크 미술의 거장, 렘브란트의 〈야경〉이다(보티첼리, 「비너스의 탄생」(1486년 작), 우피치 미술관 소장; 렘브란트, 「야경」(1642년 작), 암스테르담 국립미술관 소장).

스위스의 미술사가 하인리히 뵐플린(1864~1945년)은 르네상스에서 바로크로 넘어가는 시기의 회화적 특성을 명징하게 구분해냄으로써 미학사에 커다란 발자취를 남겼다(자료: Rudolf Dührkoop/위키미디어 공용).

구規矩로* 자리 잡으며 해당 분야에서 독보적인 지위를 누리게 된다.

화려한 색깔과 부드러운 식감으로 세계인을 사로잡는 구루메**의 나라. 그런 일본은 또한 '닫힌 형식'을 지향하는 '닫힌 음식'의 나라이기도 하다. 선 긋기와 벽 쌓기로 외부와의 단절을 꾀하는 모양새가 르네상스 미술의 닫힌 형식과 유사하다는 생각에서다. 더불어 닫힌 형식의 최고봉은 일식 도시락, 벤토弁当다. 성 외곽처럼 테두리로 자신의 영역을 뚜렷하게 구분 지음으로써 주변과 어울리는 것을 허락하지 않는 까닭에서다.

한국 음식이 상 한가운데 반찬과 찌개를 차려두고 여럿이 나눠 먹는 열린 구조를 지향한다면, 일본의 벤토는 타인의 젓가락의 넘나듦을 차단하며 자신의 보금자리 안에서만 젓가락질을 허용하는 닫힌 구조를 고수하고 있다. 경계선 너머로의 월경을 허용하지 않는 벤토는 자기 안에서조차 음식 크기와 종류, 맛과 빛깔 등에 따라 다시 경계 벽을 세우는 프랙탈

---

* 지름이나 길이를 재는 도구. 목수가 쓰는 그림쇠, 자, 수준기, 먹줄을 통틀어 이르는 말.
** 프랑스어 gourmet에서 온 일본 외래어, 미식가를 의미한다.

(위) 도쿄 시내에서 흔히 볼 수 있는 도시락 전문점 '오리진 벤토'. 일식 도시락에서부터 중식, 양식은 물론 한식에 이르기까지 다양한 음식을 도시락으로 맛볼 수 있다. ◉

(오른쪽) 사진은 바깥쪽 창문에 진열된 도시락 상품들의 모형. ◉

fractal* 구조의 연속물이다. 마치, 수십 개의 영지로 나뉘어 제각기 자신만의 왕국을 구축해온 일본 봉건시대의 역사가 고스란히 재현되고 있다고나 할까?

곰곰이 생각해보면, 에도시대 지방 제후들의 영지를 일컫던 한자어 역시, '구별하고 가린다'는 의미의 번藩이었다. 가르고 구별하는 것은 역사에서부터 음식에 이르기까지 일본 고유의 전통이자 문화였던 셈이다. 해서, 단아하고 정갈하기 그지없지만 식후엔 허전함을 느끼게 하는 이유가 벽과 울타리 안에 갇힌 채 주변과 화합하지 못하는 벤토 특유의 속성 때문이라면 이는 지나친 비약일까?

돌이켜보니 우리네 음식은 숟가락과 젓가락이 쉴새 없이 국경(?)을 넘나들며 이웃과 교감하는 '열린 형식'을 지향해왔다. 한국의 식탁에선 개개인의 유일한 전유물로 인식되는 공기밥조차 남거나 모자를 때는 가뿐히 경계선을 넘나드는 유동적인 먹거리일 뿐이다. 물론, 그런 '열린 형식'은 때로 남은 반찬을 앞에 두고 상대방과 묘한 신경전을 벌이도록 유도하는 불상사를 야기하기도 한다. 그런 연유로 어느 코미디 프로에서는 마지막 반찬을 먹는 이가 식사비를 지불해야 한다는 규칙을 정해주며 웃음을 유발하기도 했다.

하지만 정도의 차이만 있을 뿐, 그 같은 식사 방식이 우리뿐 아니라 전 세계적으로 널리 이뤄지고 있는 것을 감안해 보면 분명, 열린 음식은 인류가 보편적으로 지향해 온 형식이라는 생각이다. 반찬 문화가 발달하지 않은 서양에서조차 빵은 한 사람 앞에 한 개씩 배정되는 것이 아니라 바구니

---

* 세부 구조를 확대해볼수록 전체 구조와 유사한 형태를 끊임없이 반복하는 복잡한 구조를 말한다.

서양 음식은 한국 음식과 일본 음식의 중간 지대에 속하는 '반쯤 열린 음식'이다. 서로가 나눠 먹기는 하지만 한국처럼 수저를 한 곳에 모두 들이밀지는 않기 때문이다. 그래도 동일한 음식을 나눠 먹는다는 의미에서 기본적으로는 열린 형식을 지향한다고 볼 수 있다. 사진은 스웨덴식 부활절 저녁상으로 감자와 햄, 계란과 치즈 등을 자신의 접시에 덜어 먹을 수 있도록 차려진 식탁이다(자료: Per Ola Wiberg, 위키미디어 공용).

에 잔뜩 담겨 나오며, 스프와 야채 역시, 각자 먹을 만큼 뜨거나 덜어 먹을 수 있도록 커다란 그릇에 담겨 제공되곤 한다. 원반 테이블을 돌려가며 요리를 제각각 덜어 먹는 중국 음식도 방식은 다를지언정 궁극적으로는 열린 형식을 지향하고 있다는 공통점을 지니고 있고.

그런 면에서 벤토 왕국 일본은 닫힌 음식이 아직까지 맹위를 떨치는 별스런 먹거리의 나라다. 시내의 슈퍼마켓과 편의점, 도시락 전문점에서는 매끼마다 셀 수조차 없는 수의 벤토들이 대량으로 소비되고 있으며, 기차 안은 물론 철도역에서조차 에키(역)와 벤토의 결합어 상품인 에키벤駅弁

닫힌 형식 속에도 버무려지고 비벼지기보다 다시 구획별로 나뉘어 고립되는 것이 벤토(弁当) 속 음식들이다. 사진은 도시락 안에 다시 벽을 치고 음식들을 개별적으로 구분한 일본 벤토의 여러 모습들. ◉

이 날개 돋친 듯 팔린다. 열도인들의 대단한 벤토 사랑은 식생활 깊숙이 침투해 음식점에서마저 벤토 형태의 음식을 내오고 있다. 대부분 사각 쟁반에 얹혀 나오는 라면과 우동, 덮밥과 카레가 그것으로 이들은 모두, 쟁반이라는 구획 안에서 도시락의 또 다른 확장판 형태로 제공되고 있다. 하지만, 울타리를 치고 경계선을 그으며 제공되는 닫힌 식사들은 자동차 안과 건물 구석, 공원과 집 안, 사무실과 음식점 한 구퉁이에서 외롭고 쓸쓸하게 소비될 뿐이다. 그래서일까? 열도에서 분에 넘치는 사랑을 받고 있는 벤토가 한국과 세계 여타 지역에서 좀처럼 사랑을 받지 못하는 원인도

상당 부분 여기에 있다는 생각이다.

벤토 같은 완제품뿐만 아니다. 만드는 과정조차 철저하게 닫힌 형식을 지향하는 먹거리가 일본 음식이다. 도쿄 체류 당시 일본 음식 수업을 수강했던 필자의 아내는 "전골 같은 국물 요리를 만들어도 국물만 따로 내고, 그 안에 들어가는 재료들은 별도록 삶거나 익힌 후, 맨 마지막에 얹어 넣더라"며 놀라움을 표시했다. 말인 즉슨, 전골을 끓이더라도 국물을 별도로 완성한 다음, 따로 익힌 두부와 야채 등을 나중에 전골 안에 넣더라는 말이다. 해서, 완벽에 가깝도록 흐트러지지 않으며 제각각의 자리에서 때깔 고운 음식으로 탄생하는 일본 음식은 선적인 르네상스 미술처럼 깔끔하고 선명함을 지니게 마련이다. 이에 반해, 우리 음식은 멸치와 다시마를 우려낸 국물 안에 온갖 재료를 한데 넣고 푹푹 끓인 터라 흐린 외곽선의 바로크 미술 마냥 모양새가 흐트러지기 일쑤다. 그래도 같이 어울려 국물 맛을 내다보니 일본 음식에선 좀처럼 접하기 힘든 제3의 맛을 우려내는 것 또한 한국 음식이다.

때문에 아름답기 그지없던 비빔밥이 괴상하게(?) 섞여 버렸을 때 일본인들이 느꼈을 법한 충격도 이해는 간다. 몇 해 전, 양두구육羊頭狗肉*이라며 "비빔밥은 사기"라고 한국 음식을 폄하한 어느 일본인의 논평도 양국의 이 같은 음식문화 차이에서 비롯됐다는 생각이다. 그런 의미에서 여러 음식들이 뒤섞여 제2, 제3의 맛을 창조해 내는 퓨전 음식이 있어서도 안되고 있을 수도 없는 나라가 일본이다.

---

* 양의 머리를 걸어놓고 개고기를 판다는 뜻으로 겉은 훌륭해 보이나 속은 그렇지 않다는 뜻이다.

2감 vs 5감

일본 음식인 '와쇼쿠和食'는 "눈으로 즐긴다"는 말이 있다. 맛도 맛이지만 일식의 진수는 외양에 있다는 의미에서이다. 아닌 게 아니라 와쇼쿠는 보는 이로 하여금 경탄을 자아낼 정도로 화려한 외양과 다채로운 색깔을 자랑하는 세계적인 '시각 요리'다.

반면, 한국 음식은 시각, 미각과 함께 청각, 촉각, 그리고 후각까지 총동원하는 특징을 지니고 있다. 불판에서 지글지글 구워지는 고기를 보고, 보글보글 된장찌개 끓는 소리를 듣고, 손으로는 상추쌈을 만들어 입안으로 우겨 넣는 '오감五感 요리'라는 생각에서다.

모르긴 해도 영양가 문제로 말도 많고 탈도 많은 미국식 햄버거가 국적과 세대를 불문하고 세계인들로부터 꾸준히 사랑 받는 이유 역시, 손으로 직접 집어 자신의 입으로 먹거리를 가져가는 원초적인 식사 행위 때문은 아닐까?

12

일본 소학교
대
한국 초등학교

2009년 4월 1일.

도쿄의 도츠카戸塚 소학교에서 각각 3학년과 1학년으로 다니게 된 첫째와 둘째가 등교하는 첫날이다. 둘째의 입학식 때 전달받은 유인물에 따라 필자가 사는 아파트 앞으로 8시 5분까지 아이들을 내려 보냈다. 잠시 후인 8시 10분. 'A3 지구'의 대장으로 역시 필자와 같은 아파트에 살고 있는 6학년 츠치아 군이 맨 앞에 대장으로 서고 모든 어린이들이 학년별로 줄지어 서서 학교로 향하기 시작한다. 줄의 맨 뒤엔 'A3 지구'의 학부모로 토츠카 PTA(학부모 교사 연합회)의 자원봉사자인 미미 여사가 자전거를 끌며 대오를 따라 나선다.

1학년들은 맨 앞에서 눈에 잘 띄는 노란 모자를 쓴 채, 배낭엔 가방 끈에 부착된 노란 색 경보기를 달고 열심히 대장 뒤를 따른다. 노란 색 경보기에는 핀이 꽂혀 있는데 이를 잡아 빼면 주변을 요란하게 울리는 경보음이 작동한다. 물론, 핀을 꽂아 넣으면 소리는 멈춘다.

도쿄 신주쿠에 있는 토츠카 소학교의 정문(왼쪽). 문 왼편에 보이는 창구는 외부인의 출입을 감시하는 수위실이다. 평소에는 자원봉사자와 수위가 교대로 수위실을 지키고 있다. 등교 시간이라 교문이 열려 있다. 그 외 시간에는 굳게 닫혀 있다(오른쪽). ◉

소학교는 정문뿐 아니라 둘러싼 담에도 모두 철조망으로 둘러 철통같이 막아 외부인의 통행을 막고 있다. ◉

(왼쪽) 토츠카 소학교의 철망 담장에 붙어 있는 경고 표시판. 학부모 및 경찰의 순찰 구역이라는 표시와 함께, 어린이들이 경보기를 가지고 있음을 알리고 있다. 필자 역시, 학부모 교사 연합회의 일원이자 자원봉사자로서 정해진 유니폼을 입고 완장을 찬 채, 토츠카 소학교 인근을 순찰한 적이 있다. ◉

(오른쪽) 학교 근처의 '어린이 지킴이'로 등록된 집의 표시. 어린이들은 수상한 사람을 보거나 급한 일이 있으면 이 집으로 들어가 도움을 청하도록 교육받는다. ◉

5분 정도 걸어서 학교 근처까지 가니 여기저기서 등교 길에 합류하는 수많은 대오들과 마주쳤다. 인상적인 사실은 교문 앞에 교장 선생님이 나와서 일일이 아이들의 등교를 챙기며 아이들과 학부모들에게 인사를 건넨다는 것. 이러한 행사는 학교가 쉬는 날을 제외하면 1년 내내 반복됐다. 덕분에 교장 선생님과 무척 가까워질 수 있었다.

이윽고 8시 20분이 되자 학교의 정문이 굳게 닫힌다. 놀라운 사실은 우리나라에서 흔히 볼 수 있는 교문이 아니라 마치 교도소 철문같이 중무장한 정문이라는 것. 덕분에 일단 철문이 굳게 닫히면 행여라도 이상한 사람으로 오해 받을까 봐 학교 근처는 얼씬조차 할 수 없는 분위기가 형성된

토츠카 소학교의 'A3 지구' 어린이들이 아침에 등교하는 모습. 맨 앞에 6학년이 서고 바로 뒤부터 1학년생들이 노란 모자를 쓴 채 따라 가고 있다. 해당 지구의 학부모 교사 연합회 자원봉사자가 옆에서 호위하며 동행하는 모습이 보인다 ◉

다. 이후, 토츠카 초등학교는 일본의 수상조차도 수위실의 허락을 받지 않는 한, 한 발자국도 들어갈 수 없는 철옹성으로 변한다. 해서, 처음 몇 주 동안 아이들의 등교 길에 동행했기에 필자의 얼굴을 빤히 아는 수위였지만, 아이들이 깜빡 잊은 물건들을 챙겨서 허겁지겁 달려가노라면 언제나 모니터를 통해 무슨 일인지를 반드시 물어본 후에야 닫힌 문을 열어 주었다.

오전 11시. 새 학기 첫날이라 2교시까지만 수업을 마치고 귀가하는 시간이다. 선생님들과 함께 전교생이 운동장에 모여 학급 별로 줄을 선 후, 귀가 신호가 떨어지면 해당 지구의 대장이 맨 앞에서 선 채 한 줄씩 교문을 빠져 나간다. 자전거를 탄 'A3 지구' 담당의 미미 여사는 이때도 교문 앞에서 아이들을 기다리고 있다. 그렇게 일본의 모든 소학교 어린이들은 학교와 학부모 교사 연합회의 제대로 된 관심 아래 방학과 휴일을 제외하는 등·하교 길에서 철저하게 보호받고 있었다.

2010년 3월 2일.
1년 만에 귀국한 첫째와 둘째가 각각 4학년과 2학년에 진급했다. 학교

한국 어디서나 쉽게 볼 수 있는 초등학교 정문의 전형적인 모습. 활짝 열린 정문으로 자동차와 어른들이 드나드는 것을 볼 수 있다.◉

는 경기도 남부의 한 초등학교. 낯설어 하는 아이들을 위해 등교 길에 따라 나섰다. 물론, 학교 위치 및 등·하교와 관련해선 어떠한 사전 정보도 없다. 학교는 그저 멀리서 아이들이 오기만을 기다리고만 있을 뿐이다. 집 밖을 나서니 여기저기서 삼삼오오 학교로 몰려 가는 아이들이 눈에 띈다. 같이 가는 어른들도 간혹 있긴 하다. 하지만, 이마저도 처음 며칠만 이뤄졌을 뿐, 1주일이 지나고 2주일이 지나자 아무도 눈에 띄지 않는다. 아, 그러고 보니 건널목에선 녹색 어머니회가 신호등에 맞춰 깃발을 오르내리고 있긴 하다. 하지만 두 번을 지나야만 학교에 도달하는 각각 길이 30m 가량의 굴다리 밑엔 어떤 어른도 없다.

학교까지 가니 활짝 열린 교문 안으로 학생들이 뒤섞여 들어간다. 학교 관계자나 자원봉사자는 단 한 명도 눈에 띄지 않는다. 토츠카 소학교에선 정문에 교장 선생님을 비롯해 당일의 등·하교 당직인 선생님 한 분과 학부모 교사 연합회의 자원봉사자 및 수위 등이 다수 포진해 있었는데. 아이들의 수업이 시작되는 것까지 본 후 집으로 돌아왔다. 안타깝게도 그렇게 열린 교문은 이후에도 활짝 열려 있었다. 아니, 교문이 닫혀 있어도 언제든 훌쩍 뛰어넘을 수 있는 학교 담장은 학교의 영역이 어디부터 어디까지라는 경계선을 긋는 역할 이외에는 별 의미가 없어 보였다. 마침내 하교 시간. 역시, 한국의 어린이들은 부모와 선생이 서로를 믿는 가운데 자기들끼리 모여서 옹기종기 귀가하고 있었다.

한국에서의 초등학교 개방에 관한 찬반 논의가 여전히 현재 진행형이다. 지난 몇 년 동안 칼럼과 책을 통해 한국과의 차이를 조망하며 일본의 불행에 안타까움을 표하기도 했지만, 적어도 초등학교 운영에서만은 아직도 일본에서 배울 것이 많다는 생각이다. 하지만 동네 주민들을 위해 초등학교를 개방해야 한다고 생각하는 사람들이 한국에는 많다는 것이 문제다.

그렇다면 철문을 굳게 닫고 담장에 철조망이 친다는 것이 학교를 폐쇄적으로 운영한다는 의미로 직결될까? 겉모습만 폐쇄적으로 보일 뿐, 실질적인 운용을 살펴보면 초등학교 개방은 일본이 더욱 잘되어 있다는 느낌이다. 그 핵심은 최근 몇 년 간 일본 소학교에 불어 닥치기 시작한 시설 및 공간 활용 캠페인. 놀리고 있는 시설과 공간을 최대한 활용하자는 아이디어에 발맞춰 필자의 아이들이 다니던 소학교는 토요일과 일요일에 여러 행사를 기획해 운동장과 체육관을 개방하곤 했다.

주말에는 여러 가지 행사가 운동장과 체육관에서 펼쳐진다. 물론, 소학교 어린이들이 주된 대상으로 야구에서부터 축구는 물론, 탁구와 컬링에 이르기까지 다양한 분야에서 체육 활동 등이 이뤄져 아이들이 자연스럽게 체육을 익히고 흥미를 갖도록 도와준다. ◉

주말에 소학교에서 열리는 체육 행사 등에 대한 알림장 및 접수장. ◉

예를 들어, 이번 주 토요일에는 1일 자원봉사자로 나선 야구부 코치가 운동장에서 야구의 기초적인 동작을 알려주고, 다음주에는 축구 코치가, 그 다음주에는 배드민턴 코치가 와서 가르치는 식이다. 물론, 2주일 전에 신청 용지는 아이들을 통해 미리 배포되며 참가하고 싶은 어린이들은 부모님과 함께 오기만 하면 된다. 운동장과 체육관은 또 동네 어린이 야구부와 주부 탁구단에도 개방해 주말에도 학교는 늘 북적거렸다. 그런 와중에서도 철문 앞에는 항상 학부모 교사 연합회의 봉사자들이 대기하고 있다가 신청 용지를 제출한 사람들의 명단을 파악한 후 참가자들을 들여보내고 있었고.

곰곰이 생각해보면 초등학교 개방 문제는 공공체육시설 확대 논쟁이 완전히 오도된 경우다. 공공 체육 시설 마련에 앞장서야 할 주체는 국가인데 공공체육시설과는 별 관계도 없는 초등학교가 논쟁의 한가운데에 놓여 버린 까닭에서다. 공공 교육의 최약자가 죄라면 죄일 뿐. 그런 의미에서 이제부터라도 국가가 윤리적, 규범적인 시각에서 아이들의 안전 문제를 새롭게 인식해 대처했으면 하는 바람이다.

예상컨대 예산이 1000~2000억 원은 훌쩍 넘을 것이다. 1700여 개에 이르는 초등학교에 철문과 철조망을 설치하는 문제며, 일본 초등학교의 '주사主事'에 해당하는 수위를 고용해 어린이들의 안전을 챙기는 문제까지. 국

주말 개방에 맞춰 교문을 열어 놓지만 미리 신청한 사람들만 확인해서 학교 안으로 들여보내는 자원봉사자들. 학부모 교사 연합회에서 자원봉사자가 교대로 나온다. ◉

가 예산이 4조 원에 달하는 마당에 초등학생들의 안전을 위해서 1000~2000억 원을 쓰기가 힘들다는 사실을 쉽사리 받아들이기가 어렵다.

정치적인, 그리고 경제적인 이슈들이 항상 최상위를 점령하는 21세기의 대한민국에서 학부모와 학교 당국에 도움이 되었으면 하는 바람으로 초등학교 어린이들의 안전을 위해 모처럼의 기억을 되살려 보았다. 언젠가 필요 없는 이야기로 치부되기만을 희망하는 바이다.

지진으로부터 살아남기 위해 지은 나무 집이 지진에 따른 화재로 사람을 죽이는 집이 되어버렸다. 시도 때도 없이 발생하는 지진으로 집 전체가 흔들리기 시작하면 동네 어느 곳에선가 반드시 화재가 발생했고, 다닥다닥 붙어 살던 마을 전체는 순식간에 화염에 휩싸이고 말았다.

じん

人

과거
—
사람

13

구관이
명관이다

문 1: 일본 지하철에서 가장 시끄러운 나라 사람들은?
답 1: 미국인들입니다.

문 2: 그렇다면 일본 지하철에서 두 번째로 시끄러운 나라 사람들은?
답 2: 중국 사람들입니다.

　전철 내부가 절간처럼 조용하며 엄숙하기까지 한 일본 지하철. 하지만 가끔 소프라노와 테너 목소리로 전철을 뒤집는 국민들이 미국인들과 중국인들이다. 고성高聲이라면 어디서도 뒤지지 않는 이들이 한국인이라지만, 일본 지하철의 소음 표시 앞에서는 어느 정도 작아질 수밖에 없는 게 우리 정서다. 반면 미국인들의 경우, 전화 금지 표지가 사방에 붙어 있건 말건 당당하게 전화하거나 자신들끼리 마음껏 대화를 나누다가 목적지에 도달하면 휑하고 내리기 일쑤다. 중국인들 역시 선천적으로 큰 목소리와

사쿠라 소고로(佐倉惣五郎)는 일본 역사상 가장 유명한 의민이다. 지방 영주의 조세 징수 관리였던 그는 영주의 수탈을 도쿠가와 막부에 직소함으로써 마을 사람들을 학정으로부터 구했다. 하지만 위계질서를 어지럽히고 직접 막부에 고했다는 이유로 1남 3녀의 자식들과 함께 처형당했다. 그의 의로운 행동은 이후 연극 등을 통해 백성들에게 널리 구전되었다[자료: 『帝国人名辞典』(1889) 수록].

함께 주변을 들었다 놨다 하는 대국적 기질로 일본 전철을 뒤집어 놓는다. 자연히 미국인과 중국인들이 내린 이후의 전철은 폭풍우가 지나간 형국이나 다름없다. 하지만, 중국인들의 소음엔 짜증스러운 표정으로 항의하는 일본인들도 미국인들의 자유분방함 앞에선 당혹스러움과 어색함이 가득한 눈동자만 굴릴 뿐이다. 영어에 대한 두려움 때문이라고만 치부할 수 없는 역사적, 문화적인 이유라고나 할까?

'개성'과 '자유'라는 스펙트럼을 놓고 볼 때, 극대치인 오른쪽 끝에 위치한 나라가 미국이라면 극소치인 왼쪽 끝에 자리한 국가가 일본이다. 미국이 개인의 자율성을 최대한 발휘하도록 유도하는 데 반해 일본은 자신을 이웃과 집단에 맞추도록 강제하는 까닭에서다. 그런 의미에서, 미국과 일본을 오가는 여행은 열대 지방과 한대 지역을 오가는 극한 체험과 유사하다는 생각이다. 차이가 있다면, 정신을 차리지 못하는 대상이 피부냐, 머리냐의 문제일 뿐. 그래서일까? 일본에 머무르다 미국으로 떠난 필자의 지인은 첫 몇 주간 "양국 간의 생활양식이 너무 달라 도무지 정신을 차릴 수가 없다"고 털어 놓았다. 어디서나 조용하고 깨끗하며 모든 것이 감탄스러우리만큼 완벽하게 운영되는 일본을 떠나, 주변의 눈초리는 전혀 의식하지 않은 채 마음껏 개성대로 행동하는 미국에서 지상 최대의 문화 충격을 경험했다는 것이 그의 전언이었다. "냉탕에 있다가 곧바로 열탕에 들어간 느낌"이라는 지인의 경직된 몸이 미국에서 완전히 풀리기까지는 몇 주가 걸렸다는 후문이다.

일본인의 수동적인 행동 양식은 그네들의 역사와 불가분의 관계를 지니고 있다. 실제로, 일본의 정치 체제는 한, 중, 베트남으로 연결되는 유교 벨트와 판이한 형태로 전개돼 왔다. 중국을 중심으로 한국과 베트남 모두, 과거科擧에 급제한 관료들이 국가를 운영했던 것과 달리, 지역 맹주가 해당 지역 백성들의 생사여탈권을 수천 년간 쥐고 흔든 국가가 일본이었다.

역사적으로 도쿠가와 이에야쓰가 일본을 통일했다고는 하나, 중앙집권적인 의미에서 전국을 통치한 것은 아니었다. 역대 막부 정권은 배반하지 않고 중앙 정부에 복종하는 한, 지방 호족들의 기득권을 그대로 인정해 주었다. 이에 따라 19세기 말의 메이지 유신 때까지 중세 유럽의 봉건제를 면면히 이어간 나라가 일본이었다.

결국, 토쿠가와 이에야쓰의 전국 통일 이후 달라진 것이 있다면 호족 간의 전쟁이 사라졌다는 것일 뿐, 한 지역의 호족은 여전히 자신의 터전에서 절대적인 존재로 무소불위의 권력을 휘두를 수 있었다. 자연히 가문의 대를 잇지 못할 경우, 세습도 불가능해져 지역의 통치 기반 전체가 날아갈 수밖에 없었다.

이런 연유로 손이 끊긴 지배 계층은 기득권을 지키기 위해 고육지책으로 '입양'을 실시해야 했다. 우리의 입양이 공양 받기 위한 민속지학적 의

'세습 의원'은 아버지의 정치 후광에 힘입어 정계에 진출한 의원을 일컫는 일본어이다. 일본인 스스로도 이러한 세습 의원이 일본 특유의 봉건적 현상이라는 사실을 잘 알고 있다. 사진은 '세습 의원'의 문제점을 논하는 다수의 책들.

미의 문화였던 데 반해, 일본의 입양은 자신의 가족과 재산, 그리고 지위를 지키기 위한 정치적·경제적 의미의 문화였던 셈이다.

반면, 한국은 철저한 유교 국가답게 과거제를 통해 지배 계급을 구축해 나갔다. 과거에 급제하지 못하면 아무리 부자여도 관직에 진출할 수 없었던 것이 역사적 사실이었다. 그렇게 과거제를 통해 통치 계급에 발을 들인 관료는 지방 정부로 발령받아도, 한 곳에 장기간 머무르지 못하고 정해진 임기에 따라 순환 근무를 해야 했다. 이에 대해 『사무라이의 나라』를 쓴 이케가미 에이코池上英子는 일본의 정치체제가 태생이라는 우발적 사건에 뿌리내리고 있는 데 반해 한반도의 관료제는 그 본질부터 완전히 다른 유형의 조직이었다고 기술하고 있다.

사정이 이렇다 보니, 조선의 백성들과 달리 막부의 민중들은 지역 영주에 대한 절대 복종을 생존 양식으로 자연스레 익혀나갔다. 만일, 백성들이 지역 맹주의 폭정에 항거해 중앙 정부에 탄원을 제기할 경우, 이들에게 돌아오는 결과는 대단히 가혹했다. 간혹 중앙 정부가 지역 민원을 해결해 주기도 했지만 청원을 올린 이들은 지방 정부의 일을 막부에 직소直訴했다

나카노현 아즈미노(安曇野)시에 있는 조쿄 의민 기념관의 전경(왼쪽)과 기념관 내에 있는 다다카스케의 좌상(오른쪽). (자료: 위키피디어 공용)

는 이유로 사형당해야 했다. 그리하여 지방 정부의 수탈이 더 이상 참을 수 없을 정도로 가혹해지면 백성들은 마지막 수단으로 중앙 정부에 탄원서를 넣고 죽어줄 지도자를 뽑아야 했다. 그렇게 마을을 위해 기름 가마에 들어가거나 교수형을 당해 죽는 탄원 주동자는 이후, 지역민들에 의해 의민義民이란 이름으로 추대됐다.

　농민이었던 다다카스케多田加助는 조쿄貞享 3년인 1686년, 자신이 속한 지역의 영주에게 이웃의 다른 지역과 같은 수준의 조세를 요구하며 봉기를 일으켰다. 지금의 나가노長野県현에 있는 마쓰모토松本藩번에서 봉기를 일으킨 그는 영주의 착취가 너무 심해 백성들의 삶이 처참할 정도로 피폐해지자 그를 따르던 농민들을 이끌고 영주의 가신들과 직접 담판에 나섰다. 결국, 요구를 수용하겠다는 가신들의 거짓말에 속아 고향으로 돌아간 그는 곧, 가족, 동료들과 함께 잔혹하게 처형당했다. 처형 당시, 타다카스케는 마지막까지 다른 지역과 같은 조세 수준인 "쌀 두 말 다섯 되"를 외치다 죽었다고 전해진다. 지금도 열도 곳곳에서는 의민비와 의민 사당이 이들의 의로운 죽음을 기리고 있다.

사정이 이러했기에 죽을 지경에 몰리지 않는 한, 웬만하면 참고 버티며 근근이 살아가는 이들이 봉건 제도 하의 일본인들이었다. 루스 베네딕트의 『국화와 칼』에서는 20세기까지 그렇게 살아가는 일본인들이 간단하지만 명료하게 묘사되어 있다. 제2차 세계대전이 한창이던 어느 해, 국민들이 좀처럼 입을 열지 않는다며 어느 정치인이 털어 놓은 불만이 그것이었다.

나는 선거구민들과 거의 매일 밤 좌담회를 열어 의견을 들으려 했지만, 그들은 두려워 입을 열지 않았습니다. 언론의 자유가 없기 때문입니다. 이것은 분명히 전의를 북돋는 바른 방법이 아닙니다. 국민은 이른바 전시특별형벌과 치안유지법에 의해 철저한 통제를 받고 있어서 마치 봉건시대의 국민처럼 겁쟁이가 되었습니다. 따라서 지금까지 당연히 발휘되었어야 할 전력이 지금도 발휘되지 않고 있습니다(베네딕트, 2005: 61~62).

"겉 다르고 속 다른" 일본인들의 혼네속마음와 다테마에겉모습는 함부로 의중을 보일 경우, 목숨을 보장받기 어려운 봉건 시대 일본인들의 슬픈 생존 본능이었다. 그런 의미에서, 임기에 따라 위정자가 끊임없이 바뀌는 한국의 통치 문화는 할 말 못할 말, 다하고 사는 한국적 기질을 탄생시킨 제도적 배경이었다는 생각이다. 후임 사또를 겪어 보니 전임 사또가 좋은 사람이었음을 일컫는 "구관이 명관"이라는 우리 속담이 일본인들의 입장에선 더더욱 부러울 수밖에 없는 이유가 여기에 있다.

3% vs 43%

　일본 정치체제의 봉건성은 현대에 와서도 여전하다.

　우리나라의 2세 정치인 수는 20대 국회의원(2016년) 총 300명 가운데 3.0%인 9명에 불과한 데 반해 일본은 2008년 현재 총 708명의 중의원과 참의원 가운데 42.9%인 304명이 2세 또는 3세 정치인들이었다.

　일본 내각을 이끈 21세기의 수상들도 모두 2세 정치인들이다. 고이즈미 준이치로小泉純一郎, 아소 다로麻生太郎, 하토야마 유키오鳩山 由紀夫, 아베 신조安倍晋三 모두 아버지와 할아버지들이 2차 세계 대전 전후에 일본 정계와 경제계를 좌지우지한 정치 거물들이었다. 이들 가운데 고이즈미와 아소, 아베는 자민당自民黨 출신 수상이며 하토야마는 민주당民主黨 출신 수상이었다.

　주지하다시피, 한국인들은 2세 정치인들에 대해 대단한 거부감을 지니고 있다. 아버지가 국회의원이라 할지라도 아들이 그 후광을 업고 정치계에 나서는 것에 대해서는 마뜩찮게 생각하는 게 우리 정서다.

　일본에서는 우리의 이러한 거부감과는 반대로 세습정치를 당연하게 여기는 정서가 지배적이다. 중앙집권적 관료제와 봉건적 세습제의 차이가 국민들의 정치 인식에게 미친 영향력의 결과이다.

　이러한 배경에는 모두 동일한 선상에서 출발해야 한다는 '기회 균등의 사상'과 '인생은 어차피 불공평하다'는 운명론적 사상이 첨예하게 대립하며 자리하고 있다. 수백 년간 균등한 기회 속에서 지배 계층을 국가고시로 선발해온 국가와 세습을 통해 권력을 유지해온 국가 사이의 숙명적인 차이라고나 할까?

고이즈미 준이치로(자료: 위키미디어 공용)

아소 다로(자료: 일본 외무성)

하토야마 유키오(자료: 위키미디어 공용),

아베 신조(자료: 일본 외무성)

14

화재 다반사가
일상다반사

　〈타워링The Towering Inferno〉이란 영화가 있었다. 1974년 개봉된 작품으로
연기파 배우 폴 뉴먼Paul Newman과 스티브 맥퀸Steven McQueen이 함께 출연해
세간의 화제를 불러 일으켰던 미국 영화다. 이윤 극대화를 위해 규격미달
제품을 사용한 건축주의 탐욕으로 140층짜리 초고층 빌딩에 누전이 발생
하면서 종국에는 엄청난 비극을 야기한다는 내용이 줄거리였다.

　전 세계적으로 흥행 돌풍을 일으키며 그 해 전미 박스오피스 1위를 기
록한 〈타워링〉은 한국에서도 서울 관객 42만 명을 동원하는 기염을 토했
다. 후에 밝혀진 이야기지만 〈타워링〉을 감독한 존 길러민John Guillermin과
제작자 어윈 앨런Irwin Allen은 대연각호텔 화재에서 영화의 영감을 얻은 것으
로 알려져 더욱 회자되기도 했다. '대연각호텔 화재'란 1971년 서울 충무로
에 위치한 대연각호텔에서 발생한 참사로 무려 163명이 사망하고 63명이
부상당한, 건국 이래 최대의 화재 사건이었다. 크리스마스 아침인 12월 25
일 발생한 화재는 당시, 10시간 가까이 TV로 생중계되면서 사람들이 아우

성치다 고층 호텔에서 지상으로 떨어지는 지옥도를 안방까지 그대로 전
달했다.

하지만 한국인들에게 가장 악명 높은 대연각호텔 화재조차 재난 왕국
일본에선 새 발의 피에 불과했다. 열도의 역사 자체가 화재와 진화, 발화
와 방화, 소실과 재건축의 도돌이표인 까닭에서다.

앞서 일본인들이 가장 무서워하는 네 가지로 지진과 벼락, 화재와 아
버지를 언급한 바 있다. 이번에는 네 가지 중 세 번째에 해당하는 '화재' 이
야기다. 사실, 인류가 열도에 거주하기 시작한 이래 화재는 일본인들의 삶
속에 떼려야 뗄 수 없는 필요악으로 존재해왔다. 오죽 화재가 많았으면,
이 땅의 '화재 다반사는 일상다반사'였다는 것이 필자의 생각일까?

『일본재이지日本災異志』라는 책을 저술한 오카지마 하타쓰小鹿島果에 따르
면 고대 이래 1865년까지 발생한 열도의 화재 중 역사적인 대형 화재만

오카지마 하타쓰가 일본 열도의 재난사를 기록한 『일본재이지』의 첫 쪽. 오카지마에 따르면 열도에서 발생한
역사적인 대형 화재는 고대 이래 1865년까지 무려 1463건에 달했다(자료: 일본 국립국회도서관 소장).

1463건에 달한다. 하타쓰는 게이초慶長를 연호로 쓰기 시작한 1590년대 이후부터 따져 보아도 비극적인 대형 화재는 779차례나 발생했다고 덧붙이고 있다. 필자를 더욱 경악하게 하는 것은 그러한 기록을 일일이 남겨놓은 일본인들의 철저함과 집요함이다. 화재에 대한 두려움이 얼마나 컸으면 수천 건 이상의 기록들을 청사靑史에 빠짐없이 남겨놓았을까 싶은 이유에서다. 하지만, 대화재의 피해 규모를 찬찬히 들여다보노라면 잊으려야 잊을 수 없는 그네들의 재난사에 절로 고개가 숙여질 수밖에 없다.

열도의 대도시들 가운데 오랫동안 천황이 거주했던 데다 문화재도 많아 화재 발생이 가장 적었던 교토. 그런 교토에서도 1708년 3월, 대형 화재가 발생해 황궁은 물론 가신과 무장의 집을 전소시키며 364개 마을을 쑥대밭으로 만든다. 당시, 소실된 가구 수는 무려 1만 351개. 그렇지만 22년 뒤인 1730년 6월 다시 화재가 발생하면서 이번에는 132개 마을, 3858 가구가 소실되고 808명이 사망하는 비극을 낳는다. 그래도 교토에서 발생했던 가장 큰 화재는 1788년 1월의 참사였다. 당시 광풍이라 불릴 정도로 강한 바람을 타고 삽시간에 교토 전역에 번진 대형 화재는 이틀에 걸쳐 1424개 마을에서 3만 6797 가구를 불태우며 교토의 80%가량을 전소시켰다.

문제는 교토의 사정이 오사카나 도쿄에 비하면 훨씬 양호했다는 것이다. 일찍부터 상업이 발달하며 대도시를 형성했던 오사카는 십 년이 멀다 하고 대형 화재가 발생해 시민들이 숱한 고초를 겪어야 했다. 그 가운데에서도 특히 피해가 컸던 화재로는 1716년 3월 하순에 발생한 묘치야케妙知燒 대화재를 꼽아볼 수 있다. 당시, 오사카 전 지역의 약 1/3이 피해를 입는 참사로 408개 마을이 소실됐으며 사망자도 300여 명에 달했다. 화재 참사는 이후에도 끊이지 않아 19세기 말인 메이지 시대만 하더라도 1875년, 1880

10만 명 이상이 사망한 것으로 알려진 메이레키 대화재. 당시의 화재가 얼마나 대단했는지를 보여주는 작자 미상의 그림이다. 성 안에 있던 백성들이 화마를 피해 성곽 밖 강물로 뛰어드는 모습을 통해 당시의 참상을 생생하게 느낄 수 있다(자료: 도쿄 도립중앙도서관 소장).

년, 1881년, 1884년에 각각 대형 화재가 발생했다.

교토와 오사카가 화마에 시달렸다고는 하지만 그래도 화재다반사의 주인공은 단연코 에도였다. 기록에 남아 있는 에도 최초의 화재는 1601년 11월 초, 지금의 니혼바시日本橋 근처에서 발생한 것으로 당시 막부에서는 초가집이 화재 확대를 키웠다고 보고 송판 지붕을 민가에 적극 장려했다. 그로부터 반세기 뒤인 1657년, 도쿠가와 막부의 존립 기반을 흔들 정도의 초대형 화재가 에도를 덮친다. 이른바, 메이레키明曆 대화재로 알려진 '후리소데 화재'가 그것이었다.

후리소데란 일본식 긴 옷을 일컫는 말. 에도 혼묘지本妙寺의 스님이 어린 소녀의 죽음을 애도하기 위해 그녀가 즐겨 입던 '후리소데'를 태우다 대

재난의 비극이 발생하자 후대에 붙여진 이름이었다. 당시, 공양물로 태우던 불붙은 후리소대가 바람에 날려 불이 본당에 옮겨 붙더니 순식간에 에도 중심부로 번지는 횡액이 발생했다. 엎친 데 덮친 격으로 에도는 80여 일간 비가 오지 않아 매우 건조한 상태였는데, 마침 북서풍까지 강하게 불어 닥치면서 온 수도가 불길에 휩싸이고 말았다. 얼마나 피해가 컸던지, 항간에서는 도시 재정비를 꿈꾸는 에도 막부가 일부러 불을 놓았다는 음모설마저 돌았다. 한겨울인 1월 18일에 발생한 이 화재로 사망자는 무려 10만 7046명에 달했다고 당시의 참화를 기록한 역사서, 『무사시아부미』가 증언하고 있다.

1772년의 화재와 1865년의 화재 역시 수천 명의 인명을 살상한 재난으로 악명이 높다. 또, 1806년 발생한 화재 참사에서는 다음날 호우가 쏟아지며 홍수까지 발생, 불에 타 죽고 물에 빠져 죽은 사람들이 1200여 명에

메이레키 대화재의 진원지인 도쿄 도시마구 혼묘지에 세워진 위령탑(자료: 위키미디어 공용).

화재 트라우마는 일본인들의 역사적 조건 반사다. 사진은 도쿄 곳곳에 설치된 소화기. 불필요한 장난을 방지하고 사용 여부를 점검하기 위해 개폐문에 붙여놓은 봉인이 인상적이다. ◉

달했다.

사정이 이렇다 보니, 근대의 에도 역사는 화재사나 다름없었다. 오죽했으면, "화재와 싸움은 에도의 꽃火事と喧嘩は江戸の花"이라는 속담까지 생겨났을까? 그러고 보니, 우리가 화재火災라 부르는 재난이 일본선 '화사火事'라 불리는 것도 의미심장하다. 우리에겐 재난을 의미하는 화재가 일본선 단순한 '사건'에 불과했던 것.

그럼 다음 장에서는 세계 최고의 화재, 아니 '화사火事' 왕국이 될 수밖에 없었던 열도의 비극적 숙명에 대해 좀 더 자세히 알아보기로 한다.

"갖추지 않고 처벌해서는 안 된다"
시대의 혜안, 호시나 마사유키

호시나 마사유키(保科正之)의 초상. 도쿠가와 가문의
실력자였던 그는 메이레키대화재 이후, 수도의 중건이
라는 중책을 맡았다. 갖추지 않고 처벌하는 것이 불가
하다며 화재를 일으킨 스님을 처벌하기보다 도시 재건
을 최우선 당면 과제로 내세웠던 그는 지금까지 일본인
들로부터 깊은 존경을 받고 있는 인물이다(후쿠시마 현
립 박물관 소장).

　　에도의 75%가 불타버린 1657년의 메이레키 대화재 이후, 수도의 중건을 맡은 책임
자는 도쿠가와 가문의 실력자인 호시나 마사유키였다.

　　마사유키는 에도 대화재의 끔찍한 비극을 야기한 스님을 처벌하기보다 도시 재건설
을 최우선 당면 과제로 내세우며 일 처리의 전후를 분명히 했다. 당시, "갖추지 않고 처벌
해서는 안 된다"라던 그의 발언은 지금껏 일본 사회에서 명언으로 남아 있다. 사건이 터지
면 일단 유관 책임자를 색출해 처벌하는 것이 지금까지도 당연시되는 풍토에서 시스템과
매뉴얼의 마련을 먼저 강조한, 시대를 초월한 혜안이었다고나 할까?

　　에도 재건에 총력을 기울였던 그는 메이레키 대화재 때 불타버린 에도성의 천수각도
다시 세우지 않았다. "건물 세울 돈이 있으면 난민에게 식량을 주라"며 백성들의 고충을 보

듣는 데 앞장섰기 때문이다.

참고로 천수각이란 일본 성의 중심을 이루는 건축물로 망루를 겸하고 있다. 오사카 성을 비롯해 히메지 성, 구마모토 성 등, 성들에는 반드시 있게 마련인 천수각이 황궁으로 탈바꿈한 지금도 에도성에 없는 이유다.

일본의 성이라면 반드시 갖추고 있는 천수각이 지금의 황궁인 에도성에는 없다. 호시나 마사유키가 메이레키 대화재 때 불타버린 에도성의 천수각을 다시 세우기보다 건물 세울 돈마저 모두 난민들의 식량비 지원을 위해 사용했기 때문이다(자료: 위키미디어 공용).

15
슬픈
화재
방정식

"(과밀거주+목조 건물+지진)X(등잔불+α)"

변인 1: 과밀거주

런던 86만, 파리 54만, 베이징 50만, 한양 30만 명 그리고 에도 120만 명.
앞서 언급한대로 1700년 대의 도쿄는 세계 최고의 메트로폴리탄이었
다. 더불어 17세기 초부터 도쿠가와 막부가 '산킨코다이参勤交代'라는 정책

을 실시하면서 도쿄의 인구 집중 현상은 본격화됐다. '산킨코다이'란 전국 각지에 흩어져 있던 180여 명의 봉건 영주들이 자신의 영지에서 1년, 에도에서 1년씩 번갈아 거주해야만 하는 제도였다.

물론, 지방 영주의 가족들은 항상 에도에 머물러야 했다. 그리하여 전국 각지에 흩어져 있는 봉건 영주들은 격년제로 상경해야 하며 자신의 가족들과 수도에서 1년을 보내야 했다. 하지만 이 같은 제도가 비단, 일본에서만 시행된 것은 아니었다. 역사적으로 보면, 한반도에서도 신라와 고려가 각각 '상수리'와 '기인'이라는 유사한 정책을 실시한 바 있다.

그렇다면 도쿠가와 막부는 어찌하여 이토록 번거로운 일을 거행했던 것일까? 그 이면에는 잦은 근무지 이동과 두 집 살림에 따른 지출 증가를 노려 지방 영주들의 재정을 악화시키고 가족들을 볼모로 잡음으로써 반란의 싹을 없애려는 전략이 숨어 있었다.

재미있는 사실은 봉건 영주의 가족들이 부와 세를 과시하려 에도에 대저택을 지어대는 통에 공사에 필요한 인부와 기술자들이 전국 각지에서

18세기의 에도는 인구 100만 명 이상의 세계적인 메트로폴리탄이었다. 사진은 에도 중심가였던 니혼바시 인근의 번화함을 그린 작가 미상의 '키다이쇼란(熙代勝覽)'이란 작품. 당시의 에도가 얼마나 번성했는지를 잘 보여주는 그림으로 1814년 이전에 그려진 것으로 추정되며 폭 43.78cm에 길이는 자그마치 12m에 달한다(자료: 베를린 동양미술관 소장).

모여들기 시작했다는 것. 게다가 농촌 주민마저 생계유지를 위해 부와 향락이 넘치는 에도로 몰려오면서 17세기 이후 인구 증가는 폭발적인 양상을 띠게 된다.

하지만 인구 120만 명이란 화려한 숫자와 달리 에도는 결코 백성들을 위한 도시가 아니었다. 당시 지배 계층이었던 사무라이들은 철저하게 자신들의 입맛에 맞춰 도시 계획을 실시했다.

수도의 노른자위에 해당했던 에도 성과 '조카마치城下町'로 불리는 에도 성 주변에는 봉건 영주와 사무라이 그리고 그 가족들만 거주할 수 있었다. 무려 6할에 해당하는 에도의 광활한 지역이 이들 몫이었다. 나머지 4할 가운데 절반은 다시 절과 신사가 차지했다. 그리고 자투리 2할 땅만이 60만 명 이상을 위한 거주지로 제한되었다. 『일본재이지』의 저자, 오카지마 하타쓰의 책에 기술된 내용이다.

21세기의 서울로 빗대자면, 총 25개 구區 가운데 5개 구에만 서울 인구 절반에 해당하는 600만 명이 산 셈이다. 한 개 구당 평균 거주민 수가 120만여 명에 달하는 초과밀 지역. 아랫마을이란 의미의 '시타마치下町'가 콩나물 시루마냥 빽빽하게 들어서 있던 에도의 실상이었다.

변인 2, 3: 목조 건물과 지진

초대형 재난을 위한 충분조건은 오롯이 마련됐다. 그렇다면 발화를 위한 불꽃만 튀면 되는 셈. 돌이켜보면, 인류가 호롱불과 등잔불로부터 해방된 지는 2세기가 채 되지 않는다. 그나마도 2세기는 유럽과 미국에서 통용되는 숫자일 뿐, 한반도와 열도에선 전기가 본격적으로 보급된 지 1세기가 채 되지 않는다. 17세기 이후의 에도 역시, 예외는 아니어서 집집마다

20세기 초에 지어진 집들도 화재에 취약하기는 매한가지였다. 방진, 내진을 위한 나무집에 바닥은 다다미를 깔고, 문과 창은 창호를 사용하다 보니 화재가 발행하면 불길은 걷잡을 수 없이 주변으로 번져나갔다. 사진은 도쿄 고가네이(小金井)시에 있는 에도 건축 박물관. ◉

지금도 단독 주택은 지진에 강한 나무로 많이 짓는다. 사진은 도쿄 시내에 있는 단독 주택 건설 장면. 벽을 온통 나무로 만드는 것이 인상적이다. ◉

지진으로 인해 대형 화재가 발생하면 이곳에 모여 '토야마 하이츠'라는 곳까지 피신하라는 안내문. 일본에서 지진과 화재는 떼려야 뗄 수 없는 쌍둥이 재난이다. 앞서 소개했던 메이레키 대화재의 그림이 연상되는 것은 비단 필자만의 생각일까? ◉

일본인들의 화재 트라우마를 느낄 수 있는 장면. 도쿄 소방청이 오래된 집 외벽에 소화전을 설치했다. 나무 소재로 지어진 옛날 집이다 보니 화재에 매우 취약할 수밖에 없기 때문이다. ◉

2층 이상의 대규모 건물들은 모두 비상 탈출용 창문 표시를 해놓아야 한다. 그래야 화재 등이 발생했을 경우, 건물 내에 있는 사람들이 탈출용 창문 앞에 모여 사다리 등으로 재빨리 탈출할 수 있다. ◉

등잔불과 호롱불로 어둠을 밝히고 있었다. 문제는 이러한 등잔불과 호롱불이 쓰러지고 넘어질 경우, 목조 건물로 지은 일본 가옥들이 즉석에서 불쏘시개 역할을 했다는 것이다.

지진에 대비하기 위해 지진에 강한 나무로 집을 지었건만 불에는 더없이 취약했다는 역설. 지진으로부터 살아남기 위해 지은 나무 집이 지진에 따른 화재로 사람을 죽이는 집이 되어버렸다. 시도 때도 없이 발생하는 지진으로 집 전체가 흔들리기 시작하면 동네 어느 곳에선가 반드시 화재가 발생했고, 다닥다닥 붙어 살던 마을 전체는 순식간에 화염에 휩싸이고 말았다. 설상가상으로 바닥에는 다다미를 깔고 창문은 창호지로 만들다 보니 화재가 일어나면 불길은 걷잡을 수 없이 번져 나갔다.

지진이 없는 한반도에선 흙으로 조성한 집 벽과 담벼락이 방화벽 역할을 톡톡히 했는데, 열도에선 가옥 자체가 화약고였던 셈이다. 그래서일까? 지금도 일본 전역에 붙어 있는 지진 대피 안내문에는 반드시 화재 표시가 병기되어 있어 일본인들의 경각심을 고취시키고 있다.

+ α: 요리

안타까운 사실은 불에 굽고 기름에 튀기는 일본의 음식 문화가 화재 참사에 또 하나의 일격으로 작용했다는 점이다. 튀김 요리인 '덴푸라'를 비롯해, '돈가스'와 '고로케,' '유부튀긴 두부'과 '구시아게꼬치 튀김'는 말 그대로 대형 화재의 기폭제 역할을 톡톡히(?) 수행했다.

지난 2002년 『건축과 화재』라는 책을 펴낸 일본화재학회에 따르면 부엌에서 조리하다 자리를 떠나는 등의 실수로 식용유에 불이 붙는 '튀김 기름 화재'는 일본에서 여러 화인火因 가운데 부동의 1위를 차지하고 있다. 일

화재의 주요 원인 가운데 하나는 튀김과 구이가 주를 이루는 일본의 음식 문화이다. 예기치 못한 지진이 발생하면 등잔불이 넘어지거나 끓는 기름이 쏟아지면서 화재가 시작됐기 때문이다. 사진은 반찬 가게에 전시된 튀김 음식들로 일본의 음식 문화에서 튀김이 차지하는 비중이 어느 정도인지 잘 보여주고 있다. ◉

본화재학회는 지난 1989년부터 1994년까지 5년간 주택에서 발행한 7만여 건의 화재를 분석한 결과, 동·식물유에서 발생한 화재가 2만 335건으로 전체의 28.6%를 차지했다고 밝힌 바 있다.

　사정이 이럴진대, 화재에 대한 트라우마가 없으면 오히려 이상한 곳이 일본이었다. 오죽했으면, 악명 높은 '무라하치부村八分'에서조차 화재 진화는 제외시켰을까? '무라하치부'란 마을에서 규율과 질서를 어긴 자에게 가하던 말하자면 '왕따'의 일종. 지역공동체가 함께 처리하던 열 가지 행위 가운데 장례와 화재 진압을 제외하고 성인식과 결혼식, 출산과 병 수발, 가옥 신축 및 재건축과 함께 수해 복구 지원과 여행에 관한 교류를 끊음으로써 대상자를 마을 구성원으로 인정하지 않는 관습이었다. 그런 '무라하치부'에서도 온 마을을 살리기 위해선 '왕따'당한 이의 주택 화재를 그냥

놓아둘 수가 없었다.

　그렇다면 막부는 이 같은 화재 다발의 위험성을 낮추기 위해 어떤 노력을 기울였을까? 사실, 에도 정부는 민가의 화재 피해를 조금이라도 줄여 보고자 틈만 나면 기와지붕을 장려했다. 하지만 세계 최대의 도시였던 에도 전 지역에 기왓장을 공급한다는 것은 가내 수공업이 주를 이루던 당시의 경제 구조상으론 불가능했다. 이에 에도 막부는 백성들에게만 자구책을 맡기기보다 직접 도시를 정비하고 소화 시스템을 구축하는 방식으로 불을 다스리고자 한다.

　그럼 장에서는 불가항력의 화재 발생을 최소화하고 피해 확산을 조기에 차단하기 위한 일본인들이 방재에 어떤 지혜를 짜냈는지에 대해 알아보기로 하자.

16

파괴 소방이
야기한
초저가
날림 주택

2005년 7월, 경제정의실천시민연합경실련 홈페이지에 재미있는 기고문이 실렸다. 네티즌 한 명이 우리나라의 아파트 건축비가 턱없이 높다는 내용으로 서울과 도쿄의 아파트 건설 비용을 비교한 글이었다.

당시, 기고자가 각종 공식 자료를 근거로 밝힌 서울 민간 아파트의 3.3m²당 평균 건축비는 604만 원. 흥미로운 사실은 세계에서 땅값과 물가로 가장 비싸다는 도쿄에서 아파트를 세우는 비용 역시, 3.3m²당 619만 원으로 서울과 별 차이가 없었다는 것이다. 기고자는 기준 년도였던 2002년, 도쿄 물가가 서울의 배에 달했다는 사실을 지적하며 거품이 잔뜩 낀 한국 아파트 가격을 날카롭게 비판했다.

실제로 이 같은 수치는 도쿄에 거주해 본 경험이 있는 필자로서도 놀랍기 그지없는 것이었다. 집 안을 미로같이 꾸민 복잡한 설계에서부터 곳곳에 세심하게 배치한 수납공간은 물론, 건물 안팎으로 잘 조성한 대피 통로와 완벽에 가까운 마무리 공사 등을 생각하면 더 이상 바랄 것이 없는 천

의무봉天衣無縫*한 것이 일본 아파트였다. 그런데 그토록 탄탄하고 세밀하게 지어진 도쿄의 아파트와 서울의 아파트 건축비가 같다니 놀랄 수밖에.

한국의 아파트 건축비가 지나치게 높은 것은 사실이지만 세계에서 건축비가 가장 비싼 곳이 일본이라는 것 또한 부정할 수 없는 사실이다. 도쿄에서 건축비가 가장 비쌌던 1991년의 경우, 3.3m²당 평균 건축비는 2017년 현재의 환율로 계산해볼 때, 900만 원에 달했다. 이원복 교수의 『먼나라 이웃나라: 일본인 편』에 따르면 열도의 건축 비용

도쿄 신주쿠(新宿) 요쓰야(四谷)에 있는 일본 소방방재 박물관. 화재에 관련된 일본 열도의 역사적인 자료와 유물들을 잘 보관하고 있다. ◉

은 세계 최고 수준으로 미국의 두 배, 아시아의 세 배에 달하고 있다. 아시아에서 1000만 달러짜리 빌딩을 지을 경우, 미국에선 2000만 달러가 필요하지만 일본에선 3000만 달러가 소요된다는 얘기다. 가뜩이나 비싼 땅값에다 방진, 방화 구조 등 온갖 방재 설계를 적용하고 건물을 올리다 보니 비용이 천문학적으로 높아진 탓이다.

아이러니컬한 사실은 세계에서 가장 비싼 동시에 가장 완벽한 건물을 짓는 일본이 한때는 세계에서 가장 부실한 초저가 날림 주택을 고집했다는 것. 물론, 그 배경에는 시도 때도 없이 발생하는 화재가 자리하고 있었

---

* 선녀의 옷에는 바느질한 자리가 없다는 뜻으로 시나 문장이 기교를 부린 흔적이 없어 극히 자연스러움을 일컫는 말.

(위) 장대 끝에 말발굽 모양의 쇠를 붙인 '오사쓰마타'. 집안 기둥을 멀리에서도 쉽게 밀어 쓰러뜨릴 수 있도록 고안된 도구다. ◉

(왼쪽) 천장을 무너뜨리기 위해 사용되었던 '도비구치'. 막대기 끝에 붙어 있는 낫 모양의 쇠붙이를 이용해 천장의 목조 구조를 잡아 당겼다. ◉

다. 옆집에서 불이 나면 내 집까지 순식간에 전소되는 상황에서 튼튼하고 정교하게 집을 짓는다는 것은 헛돈을 쓰는 것과 다름없었다. 동네 한 곳에서 불이 나면, 마을 소방대가 출동해 진화 작업에 나서는 가운데 한 쪽에서는 불이 번지는 것을 막기 위해 이웃한 가옥들을 부숴버리니 자신의 집에 불이 옮겨 붙지 않아도 언제든 철거될 수 있는 것이 열도인들의 주택이었다.

　결국, 초저가 날림 주택은 '파괴소방'으로 알려진 진화 활동이 야기한 당연한 결과였다. 19세기 말부터 일본에 거주하며 종국에는 일본에 귀화한 영국인 라프카디오 헌Lafcadio Hearn 역시, 그의 저서에서 일본 민가의 주택들이 아주 싼 재료로 지어져 있다는 사실을 증언하고 있다. 그의 저서에는 집안이 예술품으로 가득 차 있음에도 불구하고 화재 한 번에 전부 소실되

어 버리는 열도의 비극이 절절히 묻어
있다.

　사정이 이렇다 보니, 진화용 장비
와 함께, '파괴소방'을 위해 고안된 소
방 도구들도 다양하기 이를 데 없었
다. 예를 들면, 2m 가량의 나무 손잡
이 끝에 부착된 낫 모양의 '도비구치鳶
口'는 천장을 무너뜨리는 데 요긴하게
사용됐으며, 장대 끝에 말발굽 모양의
쇠를 붙인 '오사쓰마타大刺又'는 집안 기
둥을 멀리에서도 쉽게 밀어 쓰러뜨릴
수 있도록 고안된 도구들이었다.

　그렇다면, 일본의 방재 및 소방 활
동은 과연 언제부터 본격적으로 시작

도쿄 소방청의 소방단원 모집 포스터. 한 가운데에 선 채
전통적 화재 진압 장비인 도비구치로 무장한 여성 단원
의 모습이 인상적이다. ◉

됐을까? 역사적으로 볼 때, 몇몇 문헌
에서는 10세기 이전의 소방 활동에 대해 산발적으로 전하고 있지만, 방재
및 소방 활동이 체계적으로 정비되고 제도화되기 시작한 것은 도쿠가와
이에야스의 에도 막부 이후부터다. 에도 막부의 존립마저 흔들었던 1657
년의 메이레키 대화재 이후, 막부는 도심 곳곳에 '호리와리堀割'라는 이름의
수로를 건설하고, 화재가 번지지 못하도록 방화용 제방과 함께 '히로코지
広小路', '히요케치火除地'라 불리는 여러 종류의 방화 공터를 설치하기 시작했
다. 이러한 흔적은 지금까지 전해지고 있어 도쿄 우에노 지구에는 '우에노
히로코지上野 広小路'란 지명이 남아 있다.

화재 감시탑인 '히노미야구라(火の見櫓)'를 설치한 마을 모형. 에도 막부는 1723년, '히노미야구라'의 설치를 의무화함으로써 초기에 화재를 발견하고 진압할 수 있는 시스템을 마련했다. ◉

도쿄 신주쿠의 소방방재 박물관에 전시되어 있는 수많은 마도이. 형태의 다양함에 놀라고 유리 전시관 안을 꽉 채운 수에 다시 한 번 놀라게 된다. ◉

에도 시대 빗물을 저장해 방화용으로 사용하던 통이 이른바 '덴스이오케(天水桶)'다. 하늘을 공경한다는 의미에서 '덴스이손(天水鱒)'으로도 불린 '덴스이오케'는 근대화의 바람 속에 메이지 유신 이후 점차 사라졌다가 제2차 세계대전 당시 다시 등장했다. 사진은 도쿄 아사쿠사 센소지의 본당 앞에 놓인 화재 진화용 빗물통 '덴스이오케'(자료: 위키미디어 공용).

　소방 활동은 18세기 초부터 막부의 실력자인 오카 다다스케大岡忠相에 의해 본격적으로 진화되기 시작했다. 당시, 다다스케는 에도를 가로지르는 스미다隅田 강을 중심으로 오사카, 교토 등의 간사이關西 지방은 48개 조, 에도를 포함한 동북 지역과 홋카이도는 16개 조의 소방 관할 지역으로 편성한다. 다다스케가 창안한 소방 구획은 이후, 관군에 버금가는 소방대를 낳고 이러한 소방대는 나중에 마을 치안까지 담당하는 역할을 수행하게 된다. 에도 막부는 또 1723년 화재 감시탑의 설치를 의무화하여 초기에 화재를 발견하고 진압할 수 있도록 소방 시스템을 더욱 개선하기에 이른다.

　민가의 방재 노력 역시, 막부와 병행해서 꾸준히 진화해갔다. 화기가 쉽게 침입하지 못하도록 문과 창의 틈새를 흙이나 회반죽으로 바르는 '메누리目塗り' 공사가 선보이기 시작했으며 지붕 위에는 넓고 커다란 빗물통이 설치됐다. 더불어, 막부는 언제든 진화에 동원할 수 있도록 물을 담은 커다란 드럼통들을 마을 곳곳에 의무적으로 쌓아두도록 했다.

　하지만 이런 눈물겨운 노력에도 불구하고 화재가 발생하면 '마치비케시町火消'라 불리는 소방대원들이 출동해 전쟁을 치르듯 진화 작업에 나설

파괴 소방을 재연한 모형. 도쿄 소방방재 박물관에서 관객
들에게 에도 시대의 비극을 생생하게 보여주고 있다. ◉

데조메시키는 지금도 일본 소방청의 주된 주된 전통
으로 자리잡고 있다. 사진은 개설 60주년을 맞은 도쿄
후나바시(船橋) 소방서가 데조메시키 행사를 개최한
다는 내용의 포스터.

수밖에 없었다. 인상적인 사실은 진화
를 둘러싸고 벌어지는 여러 '마치비케시'
간의 속도 경쟁이 대단히 치열했다는
것. 이에 따라, 소방대원들은 자신들의
소속기消防旗인 '마도이' 아래에서 발화 지
점 인근의 주변 건물들을 철거하는 경쟁
을 벌여 나갔다. 경쟁에서 승리하는 명
예를 얻기 위해 소방대원들은 항시 훈련
을 게을리 하지 않았고, 반복된 훈련은
어느덧 전통으로 승화되어 현재까지 면
면히 이어져오고 있다. 해마다 정월이

되면 각 지역 단위로 실시되는 '데조메시키出初め式'가 그것으로, 이 행사에서는 새해를 맞이함과 동시에 마음을 다잡기 위해 소방대원의 사열식과 함께 각종 진화 훈련이 선보이고 있으며, 지역에 따라서는 소방차 퍼레이드도 이루어진다.

에도 시대에 등장한 소방대원들의 정초 새해 의식, 데조메시키. 우타가와 히로시게(歌川広重) 3세의 1875년 작품으로 백미는 소방대원들이 아찔한 높이의 사다리 끝에 거꾸로 매달려 각종 묘기를 선보이는 것이다(자료: 일본 국립 국회도서관 소장).

그런 '데조메시키'에서의 백미는 단연, 에도 시대의 전통적인 소방 기술 시연이다. 에도 시대의 진화 장비 가운데 중요한 소방 도구였던 사다리를 이용해 참가자들이 서커스의 곡예사와 다름없는 고난도 기술들을 사다리 꼭대기에서 선보이는 것이다. 그렇게 볼 때, 전통도 살리면서 소방 훈련 의식을 독특한 볼거리로 승화시킨 일본인들의 투혼은 기실, 숱한 비극 속에 탄생한 '진흙 속의 연꽃'이라는 생각이다.

한글 문서는 자판을 외우기만 하면 키보드를 보지 않은 상태에서도 눈으로 원고를 읽어가며 모니터에 입력할 수 있지만 일본어는 한자를 찾아서 입력해야 하는 까닭에 반드시 모니터를 확인해야 한다. 게다가 꼼꼼하고 천천히 일을 처리하는 일본인들의 특성상, 업무 수행은 더욱 느리고 더디게 진행될 수밖에 없다.

じん

미래
—
사람

17

살아남은
자의
슬픔

한국 군대의 재발견

　『살아남은 자의 슬픔』이란 책이 있다. 독일 시인이자 작가인 베르톨트 브레히트Bertolt Brecht의 작품으로 제2차 세계대전에서 나치의 박해를 피해 살아남은 이들의 고통과 아픔을 잔잔하게 묘사한 시집이다. 대학살 속에서 운 좋게 목숨을 건졌지만 먼저 세상을 떠난 가족과 주변인들에게 대한 미안함을 안고 여생을 지내야 했던 피해자들의 가슴 저린 사연은 숱한 이들의 눈시울을 붉히며 독재에 대한 환멸과 자유에 대한 소중함을 되새기게 해주었다. 『살아남은 자의 슬픔』이라는 책 제목은 이후, 세월이 흐르면서 수많은 재난을 이겨내고 살아남은 이들의 심정을 대변하는 '관용어'로 자리하게 된다.

　2011년 3월 11일, 대재앙을 당한 열도의 비극 역시, 살아남은 일본인들에게 지금껏 감당할 수 없는 슬픔을 안겨주었다. 하지만 죽은 자들보다 살아남은 자들을 먼저 챙겨야 하는 것이 잔혹한 현실. 그런 의미에서 이번 글의 주제는 재앙이 발생할 경우, 산 자들을 어떻게 챙겨야 하는지의 현실

적인 문제에 대해 적어보고자
한다.

　하루가 멀다 하고 지구촌 곳
곳에서 들려오는 대재앙의 참사
들. 한반도도 그러한 비극으로
부터 영원히 안전할 수는 없는
노릇이다. 그렇다면, 한반도에
서 대재앙이 발생할 경우, 가장
먼저 고려해야 할 것은 과연 무
엇일까? 수백, 수천 가지가 있겠
지만, 필자가 볼 때는 살아 남은
이들을 챙겨야 하는 것이 단연
코 가장 중요하다 하겠다. 지옥
같은 대재난에서 살아 남았지만
정작, 추위와 굶주림, 전염병과
정신적인 충격으로 생과 사의
갈림길에 놓여 있는 이들이 다

2011년 3월 11일의 동일본 대지진 당시, 센다이(仙台) 북쪽 지역
을 미 해군 헬기에서 촬영한 항공 사진. 해안가 곳곳에 널려 있는
잔해들을 통해 당시 쓰나미의 규모가 얼마나 거대했는지 짐작할
수 있다(자료: 위키미디어 공용).

시 비극적인 사태를 당하지 않도록 조치하는 것이 최우선적으로 고려돼
야 한다는 것이다. 그러한 조치들은 따라서 재해 지역으로의 신속한 물자
수송과 함께 지속적인 의료 활동 등으로 연결돼야 한다. 여러 언론 보도에
따르면, 재해 피해자들에게 절대적으로 필요한 것들은 물과 담요, 그리고
캔 종류를 포함한 비상식량이라고 한다. 그런 까닭에 비상식량과 비상 물
품을 미리 준비하는 유비무환의 자세가 이제부터라도 요구된다 하겠다.

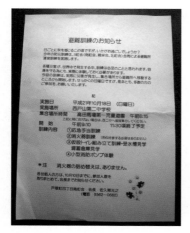

지역 주민에게 정기적으로 재해 피난 훈련을 알리는 통지서. 훈련 일시와 장소, 훈련 내용이 적혀 있다. 물론, 재해 피난 훈련에는 참가하지 않아도 되며 훈련에 참가한 이들은 이후에 발생하는 재해 상황에서 필요 사항들을 정확하게 숙지함으로써 향후 예기치 못한 혼란이 지역 주민들 사이에서 발생하는 상황을 최소화하는 데 큰 도움을 준다.

    일본 공영방송인 NHK가 2011년의 3.11 대재앙 직후, 시민들에게 요청한 구호품들은 피해 지역 사람들이 필요로 하는 것들을 잘 보여주고 있다. 공고된 물품만 받는다고 방송한 NHK의 구호 물품 리스트를 들여다보면 어린이용은 물론, 노인용 종이기저귀에서부터 베이비오일, 베이비로션, 종이컵과 랩, 화장지 등이 당장의 목마름과 추위, 배고픔을 추스른 사람들의 2차적 필요를 충족시키는 것들이었다. 앞으로 유사한 일이 발생할 경우를 대비해 우리나라에서도 이러한 물품의 목록을 작성하고 미리 물량을 비축하는 등 사전 준비가 필요할 것이다. 비단, 우리만 챙기겠다는 생각보다 이웃 국가, 나아가 북한에까지 유사시에 공급할 수 있는 긴급 구호품의 비축은 일본의 재앙을 타산지석으로 삼아, 생존자들을 배려하는 선견지명으로 연결돼야 한다.

    일본을 통해 배울 수 있는 또 하나의 선견지명은 휘발유의 공급 부족 현상에 대한 해결이다. 만일 전기가 끊어지면 승용차 및 수송 차량의 구동에서부터 난방은 물론, 예비 발전기 가동에 이르기까지 휘발유가 절대적으로 필요하게 된다. 그렇기에 재난 초기의 혼란과 무질서를 막기 위해 휘발유는 신속하고 충분하게 공급되어야 한다. 열도에서 발생한 비극을 통해 비축유의 재고 파악 및 저장 장소의 확충에서부터 수송, 배급 등에 이르기까지 정부 차원의 철저한 검증과 대비가 제대로 이뤄졌으면 하는 바람이다.

정신적 충격으로 사고 후 외상에 시달릴 수 있는 피난민들을 심리적으로 위로할 수 있는 전문 상담가들도 우리가 반드시 챙겨야 할 인력들이다. 1995년의 한신 대지진 이후, 가족들을 잃은 정신적 후유증으로 뒤따라 자살한 이들은 지진 피해자로 집계되지 않았다고 한다. 하물며 2만여 명이 희생된 동일본 대지진의 경우에는 2차 피해자의 규모가 얼마나 될지 짐작조차 되지 않고 있는 실정이다. 재난에서 살아 남은 자들의 슬픔은 그런 면에서 볼 때, 다른 이들이 마땅히 보듬어 주어야 한다. 재난 심리 상담사들에 대한 육성과 관리가 체계적으로 이루어져 유사시에는 이들 인력을 적절히 활용할 수 있는 날이 오기를 조심스레 기대해본다.

재난 대피처에서 피해자들이 고통 받는 또 다른 대상으로는 화장실을 들 수 있다. 한신 대지진 이후 드러난 사실에 따르면, 먹을 것과 마실 것, 그리고 덮을 것이 해결되면 고개를 드는 문제 가운데 하나가 배설물 처리다. 대재앙 속에 상하수도 시설이 파괴되면 화장실에서 일을 보는 것 자체가 불가능해지며 재난 발생지는 금새 오물과 악취로 뒤덮인다고 한다. 불결한 환경은 또 전염병까지 초래할 위험이 있어 이동 화장실의 신속한 배치와 함께, 토양 오염을 최소화할 수 있는 방안도 적극 강구돼야 한다. 한신 대지진 때 배설물 처리에 크게 곤욕을 치렀던 일본은 이후, 흡수 시트

(아래 왼쪽) 공원의 남쪽과 북쪽 입구에는 안내도가 설치돼 있다. 공원 안내도의 왼쪽 위에는 공원 안에 마련된 방재 시설들이 번호 순으로 적혀 있으며 이 번호들은 안내도의 지도 위에도 표시되어 있다.

(아래 오른쪽) 공원 안에 설치된 방재 시설들은 총 6가지 종류이며 이들은 재해용 화장실, 방재 퍼걸러(pergola), 취사용 가마, 방재용 우물, 복합 놀이터, 내진 저수조(두 곳)들이다.

필자는 2009년에 이어 두 번째 연구년인 2016년도 일본 도쿄에서 보냈다. 당시 필자가 거주했던 곳은 도쿄 기타(北)구의 니시가하라 욘초메(西ヶ原四丁目)란 지역이었으며 재해 피난 장소는 '니시가하라 민나노코엔'이란 이름의 공원이었다. 이곳은 평소에 공원으로 활용되지만 대규모 재난이 발생하면 이재민들을 수용하는 피난 장소로 탈바꿈한다. ◉

텐트만 덮으면 금방 재난 본부 막사 등으로 활용될 수 있는 퍼걸러로 공원 입구에 설치돼 있다. 지붕은 철근 골조만으로 만들어져 있는 것이 눈에 띈다. 지진 등에 따른 재난은 오랜 기간 동안 추가적인 여진을 동반할 수 있기에 여진에 따른 추가 피해를 방지하고자 처마와 지붕 등을 만들기보다 철근 뼈대만 세운 것으로 추정된다.

공원 한 켠에 마련된 방재 창고의 모습. 가스나 석탄 등 천서용 연료에서부터 솥, 주거, 식기 등을 포함해 각종 텐트 및 비상구호 물품 등이 두루 비처돼 있을 것으로 추정된다.

(왼쪽) 간이 화장실이 설치될 부지. 재난 발생 시, 간이 화장실이 설치될 장소라는 안내판이 부지 오른편에 보인다.
(오른쪽) 간이 화장실 설치 부지에 보이는 맨홀들. 재난으로 하수도가 파괴될 수도 있기에 별도의 정화조에 연결된 것으로 추정된다.👁

(왼쪽) 니시가하라 민나노코엔 안에는 대규모 취사 시설도 마련되어 있다. 사진은 평소엔 의자로 활용되지만 재난 시에는 취사 부뚜막으로 활용될 수 있는 다목적 벤치의 모습과 이를 설명하는 안내판이다.
(오른쪽) 평범한 어린이 놀이 시설같이 보이지만 재해 발생 시에는 비가 와도 어린이들이 놀 수 있도록 설계돼 있다. 해당 놀이 시설은 놀이터의 한가운데 세워져 있으며 지붕에는 텐트를 걸칠 수 있도록 설계돼 있다. 재난이 발생했을 경우에는 공원 내의 방재 창고에 비치된 텐트를 꺼내서 이 위에 설치한 다음, 놀이터의 사방에 설치된 철봉에 묶으면 우천 시에도 아이들이 놀 수 있는 놀이터로 기능하게 된다.👁

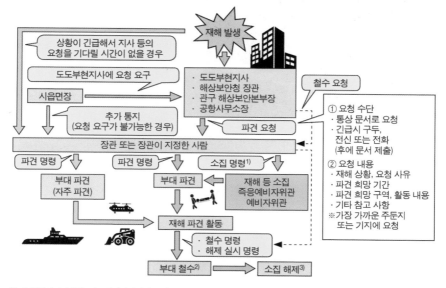

주: 1) 즉응예비자위관 또는 예비자위관의 소집은 필요에 따라 행한다.
　　2) 부대를 정리해서 철수하는 것.
　　3) 즉응예비자위관, 예비자위관의 소집을 해제하는 것.

재해 등에 따른 파견 요청이 들어왔을 경우, 자위대의 대응 순서 및 역할을 일목요연하게 적시한 도표. 요청에서부터 파견, 그리고 철수에 이르기까지의 과정이 간명하게 그림으로 잘 정리되어 있다. 일본 방위성 홈페이지에 들어가면 어렵잖게 찾을 수 있다(자료: 일본 방위성).

와 응고제를 이용해 배설물의 냄새를 없앤 뒤 쓰레기처럼 태워 처리하는 간이화장실을 개발했다. 현재 일본은 소각 처리할 수 있는 배설 주머니도 개발해 하수도 시설이 완파된 재해 지역에 보내주고 있다.

　그런 의미에서 개인적으로는 열도에서 발생한 초대형 재난이 '한국 군대의 재발견'으로 이어졌으면 하는 바람이다. 일본의 경우에서 보듯, 대규모 재난이 발생하면 경찰과 소방 인력만으로 사태를 수습하는 것은 명백한 한계가 있다. 따라서 유류 저장 시설에서부터 각종 중장비 보유 및 군량 비축은 물론, 대규모 수송시설까지 보유한 군대가 피해지 복구 및 피난

재난 지역에 투입된 자위대가 현장에서 식수를 공급하는 모습. 대규모 재난이 자주 발생하는 일본에서는 자위대의 출동이 대단히 자연스럽다(자료: 일본 방위성).

긴급 투입된 자위대가 재해 지역의 부상자를 신속하게 실어 나르는 모습이다(자료: 일본 방위성).

자위대의 '재해 파견대' 막사 앞. 구호 식량 등을 점검하는 통신병의 뒷모습이 인상적이다(자료: 일본 방위성).

민 구호에 주도적으로 나서야 한다. 다행히 우리 군은 전국에 고루 주둔하고 있기에 천재지변까지 대비한 제도 정비에 착수했으면 하는 마음 간절하다.

물론, 군부대의 재해지 투입에 따른 전력 공백 역시, 주변 사단들과의 유기적인 연계 속에 톱니바퀴 맞물리듯 완벽하게 뒷받침되어야 할 것이다. 그런 가운데 재난 초기에 신속하게 현장 투입되는 군 전력은 점진적으로 관과 민간의 전문인력과 전문장비로 자연스레 교체되는 것이 바람직해 보인다. 그러기 위해서는 이제부터 재난에 대비한 작전 실시도 정규 훈련의 일부로 포함시키며, 경우에 따라서는 해당 재난 지역의 군부대 부대장이 잠정적으로 현장을 책임져야 하는 가능성도 염두에 두어야 한다.

필요하다면 유류를 공급하

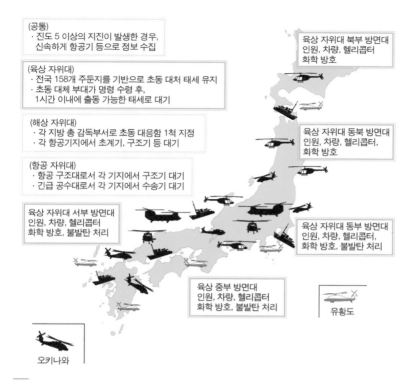

(공통)
· 진도 5 이상의 지진이 발생한 경우,
  신속하게 항공기 등으로 정보 수집

(육상 자위대)
· 전국 158개 주둔지를 기반으로 초동 대처 태세 유지
· 초동 대체 부대가 명령 수령 후,
  1시간 이내에 출동 가능한 태세로 대기

(해상 자위대)
· 각 지방 총 감독부서로 초동 대응함 1척 지정
· 각 항공기지에서 초계기, 구조기 등 대기

(항공 자위대)
· 항공 구조대로서 각 기지에서 구조기 대기
· 긴급 공수대로서 각 기지에서 수송기 대기

육상 자위대 북부 방면대
인원, 차량, 헬리콥터
화학 방호

육상 자위대 동북 방면대
인원, 차량, 헬리콥터,
화학 방호

육상 자위대 서부 방면대
인원, 차량, 헬리콥터
화학 방호, 불발탄 처리

육상 자위대 동부 방면대
인원, 차량, 헬리콥터,
화학 방호, 불발탄 처리

육상 중부 방면대
인원, 차량, 헬리콥터
화학 방호, 불발탄 처리

유황도

오키나와

재해 파견 등에 관한 대기 태세를 한 눈에 보여주는 도표. 전국에 걸쳐 헬리콥터와 수송기, 군함 등이 지역별로 잘 배치돼 있음을 알 수 있다. 역시 일본 방위성에서 제공하고 있다(자료: 일본 방위성).

고 의료진을 수송하며 유사시에는 대피소 및 병원으로도 활용될 수 있는 대규모 상륙함의 동원에서부터 헬기와 수송기는 물론, 군 트럭에 이르기까지 그야말로 육, 해, 공 3군이 손발을 맞춘 전력 동원도 필요할 것이다. 이와 함께, 재해 현장의 총책임자는 비축유 공급에서부터 물자 지원 및 경비, 구호 등에 이르기까지 독단적으로 일을 처리할 수 있는 전결권을 행사토록 허용해, 사후에 상부의 재가를 얻는 식으로 신속하게 의사결정이 이

구분	건수	인원	차량	항공기	함정
태풍, 수해, 지진 등	6	5,515	1,347	35	0
환자 이송	410	2,115	10	446	0
수색 구조	26	3,072	470	100	1
진화 지원	62	989	99	62	0
그 외	16	719	142	41	0
합 계	520	12,410	2,068	684	1

자위대 재해 파견 실적(2012년). 일본 방위성에서 제공한 자위대의 재해 파견 실적. 비단 재해뿐 아니라 환자 수송, 수색 구조 등에서도 맹활약을 하고 있는 자위대의 역할이 부럽기만 하다(자료: 일본 방위성).

루어질 수 있도록 제도를 손봐야 한다. 그러기 위해서는 부대장들에 대한 재난 관련 교육에서부터 군대 내에서의 재난 전문가 육성 등을 통해 국가적인 차원의 시스템 구축이 필요하다 하겠다.

추신: 이 글은 세월호 사건이 발생하기 3년 전인 2011년 3월 23일자 세계일보에 실렸던 칼럼이다. 세월호 참사가 발생했을 당시, 현장에서의 구호 활동은 대부분 해경이 담당했으며 군대는 출동 명령을 기다린 채 상황을 바라보기만했다. 현장에서 보내온 TV 중계 화면을 간절하게 바라보던 필자는 일본이라면초반에 당연히 투입되었어야 할 자위대의 출동 장면을 머릿속에서 수도 없이떠올렸다. 향후, 대규모 재해가 발생한다면 재난 현장에 가장 먼저 투입돼 신속한 수습에 나서는 이들이 대한민국 국군이길 기대해본다.

18

한국어와
니혼고

19세기 말, 구 소련의 벨라루스에서 태어난 레프 비고츠키Lev Semenovich Vygotsky는 불꽃같은 삶은 살다간 불우의 천재였다. 결핵에 걸려 37세의 젊은 나이로 요절했음에도 불구하고 발달 심리학을 중심으로 폭넓은 분야에서 혁혁한 공을 세운 그에게 학계에서 붙여준 칭호는 '심리학계의 모차르트'였다. "놀아야 성공한다"는 모토로 유명한 김정운 전 명지대학교 교수가 자신의 저서를 통해 그를 소개하기 시작하면서 대중들에게 회자되기 시작한 그는 심리학 변방에 속하던 언어에 관심을 기울인 선구자로도 유명하다. 이전의 심리학이 인간의 사고와 행동에 초점을 둔 데 반해, 비고츠키는 사고와 행동을 지배하는 선험적인 요인이 언어라고 보았다. 언어가 다르면 사고가 달라진다는 그의 주장은 이후, 심리학에서 언어의 비중을 한 차원 높이는 역할을 톡톡히 수행하게 된다.

존칭어를 통해 상대방을 공경하는 말이 한국어라지만 겸양어와 존경어가 극도로 발달해 복잡하기 이를 데 없는 언어. 상대방의 나이는 물론,

19세기 말, 구 소련의 언어학자 비고츠키는 37세의 젊은 나이로 요절했지만 발달 심리학을 중심으로 폭넓은 분야에서 혁혁한 공을 세웠기에 '심리학계의 모차르트'로 불린다. 비고츠키는 또 심리학 변방에 속하던 언어에 관심을 기울인 선구자로 전통적인 심리학이 인간의 사고와 행동에 초점을 둔 데 반해, 사고와 행동을 지배하는 선험적인 요인이 언어라고 보았다(자료: 위키미디어 공용).

지위와 성별에 따라 쓰는 말씨와 어휘가 다르기에 "처음엔 쉽지만 갈수록 어려워지는 언어"가 일본어이다. 이에 도쿄의 한 대학에서 교편을 잡고 있던 필자의 선배는 어순이 같기에 금세 일본어를 익히는 한국 젊은이들의 유능함이 "건방진 일본어를 빨리 배우는 것"이라고 평하기도 했다.

문제는 이렇듯 겸양어와 존경어가 빽빽하게 존재하는 일본어에 정중함을 나타내는 접두어, 'お오'와 'ご고'가 첨가되면 일상 대화는 복마전 같은 양상을 띠기 시작한다는 것이다. 엎친 데 덮친 격으로 이 같은 난맥상에 한자까지 가세되면 일본어에 흥미를 나타내던 서양인들은 대부분 낙오되게 마련이다.

재미있는 사실은 그런 일본어로 상대방과 이야기를 시도하면 머리는 저절로 숙여지고 몸가짐과 옷 매무새는 어느새 조심스러워진다는 것이다. 반면, 부모마저 너you로 부르는 마당에 존경어란 말이 존재조차 하지 않는 영어에서는 당당한 태도로 상대방을 맞이하며 말을 섞게 되고. 『축

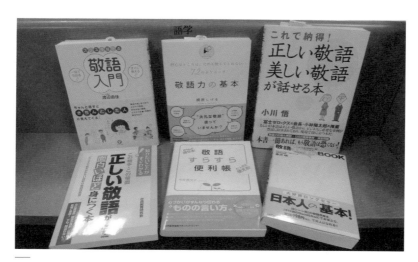

일본어의 존경어와 겸양어는 일본인들에게도 어렵다. 사진은 서점에서 필자가 찾아본 일본어 존경어 및 겸양어 학습 도서들. ◉

일본어를 제대로 익힐 수 있도록 닌텐도사에서 게임용으로 내놓은 소프트웨어. ◉

인터넷 일본어 사전에 '사이킹'이란 히라가나(ひらがな)를 입력하면 6개의 동음이의어들이 뜬다. 물론, 대화를 할 때 이러한 단어를 사용하면 상대방은 앞뒤의 문맥을 통해 대충 단어의 용례를 파악해야 한다(자료: 네이버).

소지향의 일본인』이란 저서를 통해 "한국의 경어법은 일본과는 비교도 안 될 만큼 세밀하고 복잡하게 발달되어 있다"고 주장했던 이어령 교수의 말은 그렇게 볼 때 분명, 과장된 측면이 있다.

사용 언어에 따라 사고방식이 달라진다는 비고츠키의 선구적인 주장은 언어 인류학자, 에드워드 사피어Edward Sapir와 벤저민 워프Benjamin Lee Whorf 등의 연구를 통해 충분히 입증된 바 있다. 하지만 더욱 중요한 사실은 언어가 사고방식뿐 아니라 행동까지 지배한다는 것. 그렇게 볼 때, 수많은 문법 장치로 상대방을 주눅 들게 하는 일본어는 대화자들의 행동거지를 극도로 위축시키는 마물 중의 마물이라는 생각이다. 음모론적인 입장에서 지배 계층이 자신들의 존재감을 한껏 북돋기 위해 만들어낸 희대의 창조물이 일본어라면 이는 필자만의 지나친 억측일까? 때문에 지금도 평등하지 않지만 앞으로도 평등할 수 없는 인간관계가 존재하는 곳이 열도라는 생각은 비고츠키의 주장 속에서 더욱 힘을 받는다.

언어적 속성과 관련해 꼽아볼 수 있는 또 하나의 특징은 일본어의 태생적 한계가 디지털 시대의 빠른 속도전을 방해한다는 것이다. 일본어는 모음이 아ぁ, 이ぃ, 우ぅ, 에ぇ, 오ぉ의 다섯 개에 불과해 모니터와 액정 화면에 '히라가나ひらがな'를 입력할 경우에는 한자어로 변환해야 혼동을 막을 수 있다. 일례로, 공개公開를 뜻하는 일본어 발음은 '고우카이こうかい'이다. 하지만, 한국어에서는 또렷하게 구분되는 '후회後悔'과 '항해航海', '공회公會'와 '경개更改' 역시, 모두 '코우카이'로 발음된다. 참고로, '공회'는 공적인 회의를, '경개'는 다시 고침을 뜻하는 한자어. 해서, 복모음 '외'와 '위', '여' 등을 비롯해 '어', '으' 같은 단모음의 부재는 웬만한 일본어 단어들이 4~5개씩의 동음이의어를 지니도록 강제하는 역할을 한다.

사정이 이렇다 보니, 일본 전화로 문자라도 보낼라치면 먼저 '히라가나'를 입력한 다음, 해당 글자들을 활성화시킨 상태에서 변환키를 눌러 수많은 연관 한자어들 가운데 적확한 한자어를 찾아 변환시키는 수고를 해야 한다. 그리고 보니, 한자어를 모르면 적절한 의미를 모니터에 띄우지도 못하는 곳이 열도의 현실이다. 그래서일까? 수많은 동음이의어들 속에서 어떻게 정확하게 알아듣고 해독할 수 있는지를 물은 필자에게 일본어 선생은 "애매모호한 언어가 바로 일본어"라는 말로 화답해 주었다.

한 번에 입력하지 못하고 매번 해당 한자어를 찾아 일일이 바꿔가며

일본어를 입력하기 위해서는 먼저 히라가나를 입력한 다음, 이에 해당하는 정확한 한자어를 골라야 한다(자료: 야후! 재팬).

글을 진행해야 하니 문서 작성 시간이 길어질 수밖에 없는 것은 당연지사. 실제로 A4 용지 한 장을 작성하는 데 한글을 사용하면 20분 정도 걸리는 작업이 가나와 한자로 입력하려면 1시간 이상 걸리기 일쑤다. 더욱이 문서를 베껴 쓸 경우, 한글 문서는 자판을 외우기만 하면 키보드를 보지 않은 상태에서도 눈으로 원고를 읽어가며 모니터에 입력할 수 있지만 일본어는 한자를 찾아서 입력해야 하는 까닭에 반드시 모니터를 확인해야 한다. 게다가 꼼꼼하고 천천히 일을 처리하는 일본인들의 특성상, 업무 수행은 더욱 느리고 더디게 진행될 수밖에 없다. 아니, 뒤집어 생각해보면 이 같은 언어적 특성이 오히려 일본인들로 하여금 확실하지만 느릴 수밖에 없는 일 처리를 유도했는지도 모른다.

해서, 큰 아이의 일본 소학교 담임선생이 저녁 7시에 퇴근하는 광경을 자주 목격했던 사건은 필자에게 충격 아닌 충격으로 다가왔다. 한국에서 오후 4~5시면 퇴근하기 시작하던 초등학교 교사들을 자주 보아오던 터라, 저녁때까지 학교에 남아 잔무殘務를 처리하던 큰 아이 담임선생님의 모습은 생경하기 그지없었다. 물론, 하나에서부터 열까지 철두철미하게 일을

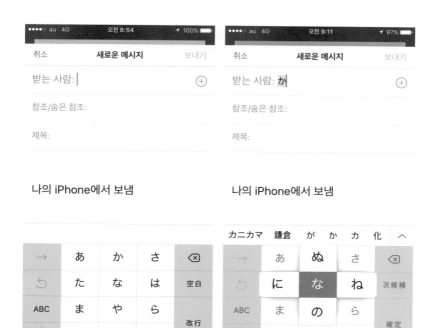

일본 스마트 폰에 일본어를 입력하기 위해서는 알파벳 로마자를 일일이 선택해 단어를 구성한 다음, 해당 단어에 해당하는 한자어를 수많은 동음이음어 가운데 찾아서 변환해야 한다. 이에 우리나라의 천 · 지 · 인(天 · 地 · 人) 자판처럼 새로 개발된 것이 '텐키(10 key)' 보드다. 10개의 글자가 있는 보드에서 원하는 글자를 잠시 누르면 곧 해당 자음에서 파생된 글자들이 뜨고 이 가운데 하나를 택해서 입력하는 방식이다. 사진은 '카'라는 글자를 입력한 후, '나' 계열의 히라가나 가운데 한 글자를 택하기 위해 5개의 파생어를 띄운 화면. 텐키 보드 바로 위에 이미 입력한 '카'에 해당하는 연관 단어 및 한자어들이 떠 있다. 이 가운데 자신이 찾는 단어가 있으면 이를 선택하지만, 만일 없을 경우에는 제시된 글자 화면을 옆으로 밀어가면서 원하는 글자가 나올 때까지 검색해서 입력해야 한다.

처리하는 가운데 필요한 제반 사항은 모두 유인물로 만들어 교장, 교감의 결재를 받은 후 학생과 학부모에게 나눠주는 문서 왕국의 풍토 역시, 이 같은 현상에 일조했겠지만.

지난 수십 년간, 아니 지난 수 세기 동안 이 같은 일 처리 방식이 잘 통용됐던 일본이 21세기의 '다이나믹 코리아'와 '다이나믹 차이나'를 얼마나 감당할 수 있을지 자못 궁금하다. 설상가상으로 가장 가까운 이웃인 한반도에서조차 갈수록 찬밥 신세가 되어가는 언어가 일본어라는 현실은 가뜩이나 불투명한 열도의 미래를 더욱 암담하게 만들 뿐이다. 아닌 게 아니라 불과 몇 년 사이에 제2의 외국어로 부상한 중국어의 기세가 무섭기만 한 가운데 "일본어가 벚꽃처럼 지고 있다"고 표현했던 ≪조선일보≫의 2012년 기사는 그래서 더욱 아련하게 와 닿는다.

동음이의(同音異義)의 말장난, 다쟈레(だじゃれ) 이야기

앞서 이야기한 대로 동음이의어가 많다 보니 일본에서는 말장난 문화가 매우 발달해 있다. 그 가운데에서도 대표적인 것이 익살 농담을 의미하는 다쟈레. 아래는 몇 가지 대표적인 예이다.

いくらはいくら?

이쿠라와 이쿠라 ― 연어알은 얼마?

'연어알'과 '얼마'의 발음이 같음

でんわにでんわ

뎅와니 뎅와 ― 전화기로 통화해

'뎅와'가 전화기와 통화 등 두 가지 의미로 쓰임

ねこがねこんだ

네코가 네콘다― 고양이가 잔다

고양이는 '네코'이며 드러눕다라는 단어는 '네코무'

すずきはすずきです

스즈키와 스즈키 ―스즈키 씨는 농어입니다

'스즈키鈴木'는 일본에서 가장 흔한 이름. 물론, 농어를 의미하기도 한다. 스즈키 씨는 음식 메뉴로 농어를 택했다는 개그다.

19

우리들의
일그러진
안방 교육

　"요즘 20대들, 정말 문제 많아요. 아무도 건설 현장에서 일하려 하지 않아요. 대신 동남아에서 온 젊은이들이 기술을 배워 오히려 우리 젊은이들을 데리고 일하는 경우도 있어요."

　몇 년 전, 필자가 사는 집의 화장실 공사를 벌인 적이 있다. 화장실 벽 안에서 물이 새면서 화장실 주변의 벽지에 곰팡이가 슬어, 할 수 없이 시행한 공사였다. 공사를 맡았던 인테리어 사장은 "젊은이들이 대우 좋고 편한 직장만 찾으려 한다"는 푸념과 함께 "앞으로 어떻게 될지가 정말 걱정"이라고 장탄식을 늘어놓았다. 3D 업종을 기피하는 현상이 오죽 심했으면 예전의 어느 인기 없던 대통령은 "젊은이들이 중소기업에서부터 사회생활을 시작해야 한다"고 강변했을까?

　그렇다면, 여기서 드는 궁금증 하나. 과연 우리들은 지금의 20대를 나무랄 자격이 있을까? 우리들 자신을 돌아보면 어느 누구도 자기 자식이 3D 업종에서 근무하도록 권유하지 않고 있는데. 아니, 3D 업종에서 근무하겠다는 자식 앞에서 오히려 "왜 사서 고생하느냐?"며 말리는 게 우리들의 참모습일 터인데. 하면, 도대체 어디에서부터 무엇이 왜 잘못됐을까?

수십, 수백 가지의 원인들이 있겠지만 적어도 필자가 보기에 가장 큰 이유는 '교육'에 있다. 백년대계百年大計라는 신성한 교육이 명문대 진학을 위한 수단으로 전락해버린 '우리들의 일그러진 안방 교육' 말이다.

500년을 거쳐 완벽한 이상국가를 건설하고자 했던 조선에서 유학은 지고한 도덕 규범인 동시에 당위적인 실천 강령이었

기술을 천시하고 인문학을 중시했던 조선은 문약하기 그지없던 도덕 국가였다. 그림은 조선 후기의 화가 변박이 1760년에 그린 '부산진순절도(釜山鎭殉節圖)'. 임진왜란 당시 첫 접전지였던 부산진 앞에 왜군 진지가 빽빽하게 들어서 있다(변박, 1760, 육군박물관 소장).

다. 하지만 그런 유학이 세기를 거쳐 입신양명의 수단으로 변질되면서 예의 비극이 시작된다. 안방 학문에 대한 지나친 편중이 다른 가치들을 질식시키며 농, 공, 상을 압살하고 만 것이다. 그리하여 갈수록 문약해진 조선은 임진왜란, 정유재란, 병자호란, 정묘호란 등의 전란을 끊임없이 겪으며 종국에는 일본의 식민지로 전락하게 된다.

문제는 그런 조선의 역사가 현대까지도 면면히 이어져 손으로 어루만지기보다 눈으로 읽고, 망치 소리에 귀를 기울이기보다 영어 발음에 신경

도쿄 오다이바(お台場)에 있는 '도요타 메가웹.' 도요타 자동차가 세운 실내 테마 파크로 자사의 자동차를 전시하는 동시에 각종 현장 체험을 가능케 하고 있다. 사진은 어린이용 전기 자동차를 직접 조립한 후, 이를 타고 파크 내의 주행 코스를 한 바퀴 도는 현장 체험 프로그램이다. 학부모와 어린이들에게 가장 인기가 많은 프로그램이다. ◉

을 곤두세우는 교육으로 부활했다는 것이다. 사서삼경에서 국, 영, 수로 교과목만 바뀌었을 뿐, 안방 학문 자체의 가치는 여전히 맹위를 떨치고 있다는 얘기다. 자연히 거름 주고, 못질하며, 물건을 사고 파는 농, 공, 상의 바깥 교육은 멸종하다시피 한 게 우리 교육의 현주소다.

돌이켜 보면, 필자가 초등학교에 다니던 1970년대 후반만 하더라도 초등학교에는 학생들이 가꾸는 꽃밭과 토끼 등을 키우는 토끼장이 있었다.

일반 중, 고등학교에서도 '농업'과 '공업', '기술'과 '상업'이라는 과목이 존재했다. 물론, 대부분 현장 실습 없이 교과서를 통해서만 배워야 했던 반쪽짜리 바깥 교육에 불과했다. 그래도 그런 교육 덕분에 필자 같은 문과 출신도 쇠를 깎는 선반과 자동차 피스톤을 책에서나마 접한 기억이 난다. '기술' 과목의 기말 과제였던 나무 책꽂이를 만들기 위해 나름대로 설계 도면을 작성하고 톱질하며 못을 박았던 추억도 남아 있다.

1년 동안 다닌 일본 소학교에서 첫째와 둘째 아이가 만들었던 각종 공예품들. 깎고 다듬고 조립하며 칠하는 과정을 직접 경험함으로써 손으로 작업하는 기쁨을 일깨워주는 교육이 일본의 소학교 교육이다. ◉

하지만 특목고와 명문대 진학 중심으로 교육 체계가 완전히 자리를 잡으면서 어느덧 그 같은 실습 과목들은 우리 주변에서 거의 자취를 감춰버렸다. 종종 언론에 보도되곤 했던 것처럼 몇몇 특목고에서는 이중 시간표를 만들어 체육이나 음악, 미술 같은 과목 교과시간을 전부 국, 영, 수로 돌리기도 했다니, 더 이상 말해 무엇하겠는가? 사정이 이렇다 보니 못질 하나, 망치질 하나, 제대로 배우지 못하고 대학에 진학하는 것이 우리네 자식들이다.

그런 연유로 일본에서 아직껏 행해지고 있는 실습 위주의 '바깥 교육'은 부럽다 못해 질투심마저 드는 게 사실이다. 필자가 일본에 거주했던 1년간, 필자의 아이들은 학교의 미술 시간을 포함해 지역 축제, 캠프와 기

부모들은 아이들의 작업물을 확인하고 아이들은 자신의 작업에 대한 자부심을 갖도록 공예 완성 프로젝트가 끝나면 학교 측에서는 반드시 전시회를 열었다. 전시회가 끝나면 학생들은 자신의 공작품을 가지고 귀가할 수 있다. ◉

업 전시관 등에서 숱한 공작 체험을 경험할 수 있었다. 오르골 상자, 유리잔 채색에서부터 연필꽂이와 장바구니 제작 등에 이르기까지 아이들은 다양한 종류의 공예품을 직접 만들어 자신의 방에 장식할 수 있는 소중한 기회를 얻었다.

손으로 만들며 얻는 즐거움은 입으로 먹으며 경험하는 만족감과 함께 가장 원초적인 쾌락에 속한다고 한다. 어렸을 때 조립식 장난감을 만지며 느꼈던 행복감, 미니어처를 완성한 후 즐겼던 성취감이 아직껏 손 끝과 가슴 속에 생생하게 남아 있는 이유다. 때문에 일본의 바깥 교육은 어려서부터 손으로 다듬고 눈으로 대중하며 귀로 가늠하는 오감五感 교육의 즐거움을 아이들에게 지속적으로 안겨주고 있었다. 주중이면 학교에서, 주말이면 도심 여기저기에서 다양하게 진행되는 공작 체험은 '일본이 괜히 선진국이 아니구나' 하는 부러움을 안겨주기에 충분했다.

그렇다면 어떻게 해야 한국식 안방 교육을 탈피하고 일본식 바깥 교육을 지향할 수 있을까? 돌이켜 보면, 안방 교육의 폐해가 비단 어제 오늘만의 일은 아니다. 정유재란 당시, 일본에 납치됐다 돌아온 유학자 강항은 이와 같은 문제점을 400년 전에 꿰뚫어 본 혜안이었다. 그의 저서 『간양록』을 통해 강항은 비록 오랑캐의 나라지만 일본의 제도 가운데 우리보다 우수한 부분은 수용해야 한다며 일본의 군사 제도와 관리 임용, 성읍 제도 및 기술 우대 풍조 등에 관해서 상세히 설명하고 있다. 반면, 17세기 통신사로 일본에 다녀온 신유한은 열도의 바깥 교육을 간과한 또 다른 우리다. 자신의 글을 모아 일본에서 간행한 『봉도유주』는 조선의 종이 제작 원료, 거문고 및 생황 제작, 비문 탑본 뜨는 법, 외국어 번역 노하우 등을 상세하게 소개하고 있지만 그가 조선에서 펴낸 『해유록』에는 일본의 실용적인 기술 소개 대신 기행을 중심으로 한 시와 문이 주를 이룰 뿐이다.

한, 일 양국 간의 문화적 배경이 이처럼 다를진대, 한 신문사에서 몇 해 전 실시한 설문 조사 결과는 당연하다 못해 의미심장하기까지 하다. 당시, 한·중·일 3국의 최고경영자CEO 150명을 대상으로 전공과 학력, 나이 등을 분석한 결과, 중국은 60%, 일본은 38%가 이공계 출신이었던 반면, 한국은

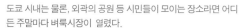
도쿄 시내는 물론, 외곽의 공원 등 시민들이 모이는 장소라면 어디든 주말마다 벼룩시장이 열렸다.

위의 사진들은 벼룩시장에 시민들이 내놓은 각종 공예품들. 직접 제작한 오르골에서부터 장신구, 유리 공예품은 물론, 풀잎을 이용해 만든 곤충 등 다양하고 진기한 물품들이 전시돼 아이들의 호기심을 자극하기에 더없이 좋다.

경영·경제 전공자들이 49%에 달했으며 이공계는 22%에 그친 것으로 나타났다. 그래서 그런지 21세기의 선진국으로 급부상한 중국의 역대 총리들이 모두 이공계 출신이라는 사실도 가볍게 넘기기가 힘들다. 참고로, 리펑李鵬은 장자커우 공업 전문학교, 주룽지朱鎔基는 칭화대 전기과, 원자바오溫家寶는 베이징 지질대학 광산학, 시진핑習近平은 칭화대 공정화학과를 각각 졸업한 공학도들이다.

학교에서 바깥 교육이 사라지는 것도 문제지만, 정작 더 큰 문제는 한국 사회의 전반적인 분위기도 그와 유사하게 진행되고 있다는 것이다. 일본의 경우는 미술관과 박물관, 기업체 전시관과 지역 축제 등에서 공작과 관련된 체험 프로그램들을 다양하게 마련하고 있지만, 아직까지 우리 주변에선 그와 같은 프로그램들을 쉽사리 찾아보기가 힘들다.

곰곰이 생각해 보니, 주변에서 사라지고 있는 풍물시장, 벼룩시장도 바깥 교육의 활성화에 어름어름 이바지해 온 실습 현장들이었다. 물건 판매와 함께 현장에서 손으로 직접 깎고 다듬으며 그림을 그려 나가는 시연이 아이들의 관심을 자연스럽게 유도하는 참교육의 현장인 까닭에서다. 가끔씩 일본 벼룩시장에 다녀온 필자의 아이들은 자신들도 "물건을 만들어서 내놓아 보고 싶다"며 한동안 유리구슬 목걸이와 팔찌 등을 열심히 제작하곤 했다. 그런 의미에서, 처음부터 국, 영, 수만 남겨놓고 다른 새싹들은 일찌감치 잘라 버린 우리들이 "요즘 젊은이들은 돈 되는 편한 곳으로만 몰려가려 해서 문제야"라고 한다면, 과연 누구의 잘못이 더 클까?

20

"네티즌이
미래다"

도쿄 한국 영사부로 찾아가는 길을 인터넷에 자세하게 올린 어느 네티즌의 블로그 글을 그대로 옮겼다(동경 한국 영사관 다녀오기 http://ldfree.blog.me/30025777628). 사진은 저작권 침해를 방지하고자 필자가 다시 동선을 따라가며 똑같은 구도로 찍어 편집했다. 아래 글에서 푸른색 글씨는 네티즌의 설명, 검은 글씨는 필자의 추가 설명이다.

[東京] 한국 영사관 다녀오기
일본 동경에서 여권 연장 신청이나 기타 한국 관련 서류를 찾으시러 갈 때 한국 대사관이 아닌 영사관에서 이 업무를 처리하고 있으므로 영사관을 꼭 찾아가시길 바랍니다. (저도 처음엔 대사관에 가서 아무것도 모르고 시간을 허비한 적이 있습니다)

한국 영사관은 동경메트로 남보쿠센南北線 아자부주반 역에 위치해 있습니다.

아자부주반(麻布十番) 역 승강장. 스크린도어 위에 역명과 전후 역 정보가 쓰여 있다.

출구는 출구 2번으로 나오시면 제일 가깝게 찾아갈 수 있습니다.

아자부주반 역에서 도쿄 한국 영사관으로 가려면 2번 출구로 나가야 하기에 해당 네티즌은 지하철 역사 안에서 찍은 사진을 통해 2번 출구의 위치를 안내하고 있다.

남보쿠센 입구

2번 출구로 나온 다음, 뒤돌아서 2번 출구의 모습을 다시 한 번 촬영해 친절하게 제공하고 있다.

◀

내려서 이 신호등만 건너 직진하면 바로 한국 영사관에 도착합니다. 도보 약 5분 정도.

네 번째 사진은 2번 출구에서 나와 직진해야 하는 길의 풍경이다.

◀

바로 한국어 관련 광고 간판이 보입니다.

5분 정도 걸어가면 왼편에 월정(月定) 주차장이 나온다. 주차장 앞에 세워져 있는 한국어, 중국어, 영어 번역 광고판

◀

이곳이 바로 한국 영사관입니다.
문이 닫혀 있는 듯 보이지만 옆에 보면 입구가 보입니다. 한국과 일본은 아직 묘한 감정이 남아 있기 때문에, 가끔 여기서 데모를 하는 일본 사람들을 볼 수 있습니다.

곧 이어 왼편에 등장하는 도쿄 한국 영사부. 입구 왼편의 건물 벽에 태극기가 보인다.

도쿄 체류 당시, 자동차를 빌려 가족들과 여행 다니기로 결심하면서 일본 자동차 운전 면허증이 필요하게 됐다. 여행객은 국제 운전 면허증으로 자동차를 빌리고 운전할 수 있지만, 일본에 거주할 때는 일본의 자동차 면허증을 취득해야 차를 빌리고 운전할 수 있기 때문이었다. 다행히 한국인은 몇 가지의 간단한 서류와 함께 운전 면허증의 공증을 받기만 하면 일본 자동차 운전 면허증을 쉽사리 발급받을 수 있었다. 이에 따라 운전 면허증 공증을 받기 위해 찾아 나선 곳이 도쿄의 한국 대사관 영사부였다.

　인터넷을 통해 알아보니 주소는 '미나토구港區 아자부주반麻布十番 1-7-32.' 하지만, 스마트폰을 잘 사용하지 못하는 기계치인데다가 길눈까지 어두워 인터넷 지도를 머릿속에 넣기가 녹록치 않았다. '네이버'에 들어가 관련 검색어를 입력하니 여러 사이트들 가운데 한 네티즌이 올린 정보를 접할 수 있었다(참고로 웹사이트에 올린 네티즌은 대사관 영사부를 영사관으로 오인하고 있었음).

　필자가 접했던 블로그에는 지하철 역사 안에서 찍은 스냅 샷을 필두로 총 8장의 사진들이 방문객들의 동선에 따라 순차적으로 제공돼 있었다. 사진 밑의 부가 설명에는 상황을 한번 더 다잡아 주는 안내 문구도 곁들여져 있었다. 해서, 도쿄에 체류하면서도 '네이버'를 통해 생활 정보를 얻는 기분은 형용하기 힘든 묘한 감정을 불러 일으켰다.

　당시, 한국 외무부에서 마련한 '영사부 길 찾기' 정보는 '야후! 재팬'의 지도 서비스를 링크로 걸어놨을 뿐이었다. 때문에, 한국 정부보다 자세하고 확실하게 길 찾기 정보를 알려준 어느 블로거의 친절은 '한국 네티즌들이 정말 대단하구나' 하는 감탄을 자아내기에 충분했다. 반면, 일본 네티즌들은 그 유래를 찾아보기 힘든 폐쇄성과 비사교성으로 우리의 정반대

'인터넷 카페'의 줄임말인 '넷카페'로 불리는 일본 PC방은 높은 칸막이와 입구에 설치된 가림천으로 고립된 사적 공간을 창출한다.

편에 위치해 있다는 생각이다. 자신을 철저하게 감춰가며 남들과 교류하지 않는 인터넷 사용으로 사이버 세계에서조차 벽을 쌓고 조용히 살아가는 까닭에서다.

실제로 개인적인 사진은 물론, 웬만한 단상斷想과 조각 글조차 액정 화면에서 접하기 힘든 나라가 일본이다. 그리하여 사람들 사이를 연결해 준다는 의미의 '인터넷'이 개개인의 폐쇄적인 통신망을 뜻하는 '인트라넷'으로 불려도 전혀 이상하지 않은 곳 또한 일본이다. 이 같은 경향은 게임에서도 여실히 드러난다. 한국 청소년들이 실시간 다중 접속 게임에 매달리며 집단으로 움직이는 동안, 일본 젊은이들은 1인용 롤플레잉 게임을 부팅하며 사이버 세상에서 홀로 돌아다닐 뿐이다. 생각해보니, '인터넷 속의 시민들'을 뜻하는 '네티즌'은 일본에서 생경할 수밖에 없는 단어다. 그저 '유자'라 불리는 이들이 일본 네티즌들이기 때문이다. '유자'란 '유저user'의 일본식 영어 발음.

재미있는 사실은 인터넷 사용에 있어 한·일 양국 간의 대조적인 모습이 관官의 경우에는 뒤바뀌어 있다는 것. 일례로, 한국의 관공서가 최소한의 기본적인 정보만 제공하고 입을 씻는 데 반해, 일본의 공공 기관은 놀라울 정도로 방대하고 상세한 정보를 인터넷에 공개하고 있다. 자연히 해당 웹사이트를 클릭하면 웬만한 궁금증은 곧바로 해결된다.

사진은 인터넷 카페 내, 개별 부스 안의 모습. 마치 독서실의 작은 공부방을 보는 듯하다. 인터넷 상은 물론, 인터넷을 사용하는 공간에서도 고립된 채 자신만의 시간을 즐기려는 이들이 일본인들이다.

관공서를 직접 방문해도 사정은 마찬가지다. 곳곳에 배치된 입간판과 세심하게 걸려 있는 안내문은 시민들의 발품을 수월하게 덜어주는 효자·효녀들이다. 그에 반해 한국 관공서는 웹사이트에서부터 현장에 이르기까지 부실한 안내와 배려 없는 행정으로 시민들을 골탕 먹이기 일쑤다. 앞서, 자신의 블로그를 통해 한국 영사부를 찾아가도록 자세히 알려준 네티즌 역시, 그 같은 부실 행정의 희생양이었다.

공공 기관에서는 완벽하게 유관 정보를 제공하고 있는 일본이지만 시선을 민간으로 돌릴 경우, 사정은 180도 달라진다 한국의 네티즌들이 공공 서비스의 진공, 사각 지대를 함께 메워 나가며 관련 정보를 나누는 동안, 일본의 인터넷 '유자'들은 소리 없는 클릭과 무표정한 웹서핑으로 인터넷을 돌아다닐 뿐이다. 그런 '야후! 재팬'을 검색하며 필자가 느낀 단상은 '온기 없는 문서들의 집합체'라는 것이었다. 사정이 이렇다 보니 댓글에 토를 달거나 네티즌끼리 설전을 벌이는 광경은 열도에서 보기 드문 진경珍景에 가깝다. 일본 게이오기주쿠대학慶應義塾大學에서 박사과정을 밟고 있던 필자의 한 후배는 "인터넷 사용자들의 정치 성향에 대해 알아보고 싶지만 일본 네티즌들의 정적인 특성상, 온라인 서베이를 진행하기가 무척 힘들다"라는 고충을 털어놓기도 했다.

문제는 한·일 간의 이 같은 민·관 차이가 급변하는 국제 환경 속에서 갈수록 한국의 손을 들어주고 있다는 것. 상대적으로 발걸음이 느릴 수밖에 없는 관官에 비해 수만, 수십 만 네티즌들이 가장 적합한 생존 지침을 한국 사회에 빠르게 제시해주는 까닭에서다. 물론, 밝은 빛만큼이나 어두운 그림자가 부작용으로 따라오는 것 또한 사실이다. 개인 정보 유출은 물론, 사생활 침해와 명예 훼손 등은 지금도 한국 네티즌들이 서로 주고 받는 생채기들이다. 그럼에도 한국인들의 적극성과 역동성에 불을 지핀 마당의 명석이 다름 아닌 '인터넷'과 '포털'이라는 생각에는 변함이 없다. 전 세계적으로 맹위를 떨치는 '구글'이 유독 한국에서만 기를 펴지 못하는 이유도 기실은, 시원찮은 '관' 대신 자생력 하나로 반만 년을 버텨온 '민'의 생존 본능에서 왔다면 이는 필자의 지나친 강변일까?

그런 의미에서 한국의 네티즌은 '집단지성의 백미'라 볼 수 있다. 집단지성collective intelligence이란 다수의 개체들이 서로 협력함으로써 얻게 된 수준 높은 능력을 일컫는 용어. 20세기 초, 미국의 곤충학자 윌리엄 모턴 휠러William Morton Wheeler가 자신의 저서, 『개미: 그들의 구조, 발달, 그리고 행동』에서 개미의 조직력을 거론하며 처음으로 소개한 단어다. 쉽게 말해 "한 명의 천재보다 백 명의 일반인이 낫다"는 의미라고나 할까? 실제로, '위키피디아'의 모든 항목 설명을 비롯해, '아마존 닷컴'의 구매자 후기, 네이버

한국 PC방의 일반적인 모습. 컴퓨터를 중심으로 삼면에 자그마한 차단벽이 있을 뿐, 전체적으로는 개방되어 있는 곳이다. 인터넷을 통해서뿐만 아니라 PC방 내에서도 이용자들이 자유롭게 오가며 대화를 나눌 수 있는 플라자나 다름없다.

의 '지식in' 등은 '집단지성'들이 화려한 꽃을 피운 경우다. 웹 2.0시대를 맞아 마치 고기가 물 만난 듯 끊임없이 시너지를 창출하는 한국과 시대가 변해도 도무지 속을 내보이지 않는 일본의 대조적인 모습이 자꾸 눈에 밟힐 수밖에 없는 이유가 여기에 있다.

그런 의미에서 유저들 간의 무한한 품앗이 속에 제2, 제3의 한류 에너지를 끊임없이 창출하는 '네티즌'들이 곧 '한반도의 미래'다.

■ 참고문헌

강찬수. 2017.2.8. "대기권 1억 칸으로 쪼개니 … 날씨예보 족집게 같네". ≪중앙일보≫, 종합 20면.

강판권. 2008.7. "일본의 목조 건축을 낳은 나무 삼나무". ≪삼림 통권≫, 510호, 40~44쪽.

강항. 2005. 『간양록』. 이을호 옮김. 서해문집.

곽래건·윤형준. 2012.1.27. "벚꽃처럼 지는 일본어". ≪조선일보≫, A11면.

김민희. 2011.1.1. [서울신문 신년특집] 지나간 10년, 다가올 10년? 집단 지성시대가 왔다. ≪서울신문≫. 31면.

김시헌. 2009.3.3. "일본 정치 위기는 세습 귀공자 탓". ≪조선일보≫, A16면.

김정운. 2007. 『일본열광』. 프로네시스.

김창원. 2010.3.1. "[기자의 눈]. 일 기상청 과장 경보에도 신뢰 받는 까닭은?" ≪동아일보≫, A8면.

김필동. 2001. 『일본어와 일본사회문화』. 제이앤씨.

김하진. 2008.9.27. "[시론]. 소프트웨어 산업이 죽어가고 있다". ≪조선일보≫, A35면.

나가노 마모루. 1997~2009. 『파이브스타 스토리』 1~12. 선정우 옮김. 서울문화사.

내일을 여는 역사. 2004. 『한반도 평화통일과 주변 나라들』. 서해문집.

데이비드 덴비. 2008. 『위대한 책들과의 만남』. 김번·문병훈 옮김. 씨앗을 뿌리는 사람.

라프카디오 헌. 2010. 『라프카디오 헌, 19세기 일본 속으로 들어가다』. 노재명 옮김. 한울.

루스 베네딕트. 2005. 『국화와 칼』. 김윤식·오인석 옮김. 을유문화사.

리처드 니스벳. 2008. 『생각의 지도』. 최인철 옮김. 김영사.

마쓰무라 아키라 외. 2008. 『교양으로 읽어야 할 일본 지식』. 윤철규 옮김. 이다 미디어.

무라타 겐이치. 2009. 『일본 전통 건축 기술의 이해』. 김철주·임채연 옮김. 한국학술정보.

박규태. 2001. 『아마테라스에서 모노노케히메까지』. 책세상.

부지영. 1997. 『일본, 또 하나의 한국』. 한송 출판사.

심규선. 2008.7.31. "[오늘과 내일/심규선] 예보도 사람이 하는 것이다". ≪동아일보≫, 31면.

안정환. 1995. 『상식 밖의 일본사』. 새길.

양희경·장영진·심승희. 2007. 『영화 속 지형 이야기』. 푸른길.

오주석. 2003. 『오주석의 한국의 미 특강』. 솔.

와키모토 유이치. 2008. 『거상들의 시대』. 강신규 옮김. 한스미디어.

유용원. 2009.10.22. "연속 4바퀴 360도 곡예 비행에 눈앞이 깜깜". ≪조선일보≫, A11 면.

이귀전. 2011.11.18. "2011년 쌀 생산량 422만t 31년만에 최저". ≪세계일보≫, 11면.

이어령 외. 2009. 『한국의 명강의』. 마음의 숲.

이어령. 2008. 『축소지향의 일본인』. 문학사상.

이원복. 2004. 『먼나라 이웃나라 7 일본인 편』. 김영사.

이장훈. 2008. "세습정치 일본 '가문의 영광'은 계속된다". ≪주간조선≫, 2024호.

이춘규. 2009. 『일본에 대해서 알지 못했던 것들』. 강.

이케가미 에이코. 2008. 『사무라이의 나라』. 남명수 옮김. 지식 노마드.

이혜순. 2008. 「신유한, 『해유록』」. ≪한국사 시민 강좌≫, 42호, 80~94쪽.

일본화재학회 편. 2007. 『건축과 화재』. 권영진 · 김찬영 · 문종욱 · 백민호 · 이수경 · 홍순강 옮
　　김. 동화기술.

전북대학교 인문학연구소. 2002. 『창조 신화의 세계』. 소명출판.

정재승. 2005. 『과학 콘서트』. 동아시아.

정형. 2009. 『사진 · 통계와 함께 읽는 일본, 일본인, 일본 문화』. 다락원.

조호진. 2010.6.28. 기상관측 독립…'천리안' 떴다. ≪조선일보≫, 종합 A10면.

진중권. 2003. 『미학 오디세이 1』. 휴머니스트.

최형석. 2009.12.1. "사장되려면 … 중 · 일은 공대 가고 한국은 상대 간다". ≪조선일보≫,
　　A3면.

하우봉. 2008. 「강항, 『간양록』」. ≪한국사 시민 강좌≫, 42호, 62~79쪽.

한국일어일문학회. 2003. 『게다도 짝이 있다』. 글로세움.

한국일어일문학회. 2007. 『스모 남편과 벤토 부인』. 글로세움.

황패강. 1996. 『일본 신화의 연구』. 지식산업사.

A Look into Tokyo. 2007. 『日本絵とき事典 7』. JTB パブリッシンケ.

竹内誠. 2007. 『德川幕府事典』. 東京堂出版.

宮澤清治. 1999. 『近 · 現代 日本氣象災害史』. イカロス 出版.

鬼頭 宏. 2000. 『人口から読む日本の歴史』. 講談社.

＿＿＿. 2007. 『[図説]人口で見る日本史』. PHP.

山本純美. 1993. 『江戸火事火巣消』. 河出の書房と新社.

小鹿島果. 1967. 『日本災異志』. 地人書館.

英文 日本絵とき事典 3. 2008. EATING IN JAPAN. JTBパブリッシング.

英文 日本絵とき事典 7. 2007. A LOOK INTO TOKYO. JTBパブリッシング.

直井英雄・關澤愛・加藤勝・若井正一. 1996. 『住まいと暮らしの安全』. 理工図書.

草下英明. 1982. 『星の神話伝説集』. 社会思想社.

山本純美. 1993. 『江戸の火事と火消』. 河出書房新社.

■ 참고 웹 사이트

2016년 게릴라 뇌우 경향
http://weathernews.jp/s/topics/201607/040035/

2016년 게릴라 뇌우 발생 회수 및 원인
http://weathernews.jp/s/topics/201610/170105/

45년전 오늘 ⋯ 성탄절에 치솟은 대연각호텔의 불길. ≪머니투데이≫, 2016년 12월 25일.
http://news.mt.co.kr/mtview.php?no=2016122314460313001&outlink=1&ref=http%3A%2F%2F
search.naver.com

OECD 국가 자살률
https://data.oecd.org/healthstat/suicide-rates.htm

Public Weather Service Funding
http://www.metoffice.gov.uk/about-us/what/pws/value

World Health Statistics data visualizations dashboard(WHO)
http://apps.who.int/gho/data/node.sdg.3-4-data?lang=en

[강수찬의 에코 파일] 빗나간 강수량 예보, 기상청 탓일까 온난화 탓일까. ≪중앙일보≫, 2017
년 9월 16일.
http://news.joins.com/article/21941541

경실련 자료
http://www.ccej.or.kr/ISSUE/netizen_view.html?Idx=4166&cate3=7&searchcont=&searchit
em=

케이안오후레가키(慶安御觸書) 도서 이미지, 와세다 대학
http://www.wul.waseda.ac.jp/kotenseki/html/wa03/wa03_06203/

http://archive.wul.waseda.ac.jp/kosho/wa03/wa03_06203/wa03_06203.pdf

고정현. "정치 5敵 [권력세습 편] '한 집안 두 배지' 금수저 정치인들." ≪일요서울≫, 2017년 6월 9일, 14면.
http://www.ilyoseoul.co.kr/news/articleView.html?idxno=190008

고쿠다카(박삼헌, 『일본 역사 용어』, 일본사학회, 세손출판사)
http://terms.naver.com/entry.nhn?docId=3352963&cid=58180&categoryId=58322

곽숙철의 혁신이야기
http://ksc12545.blog.me/150094554631

국회예산정책처(2016). 「예산안 위원회별 분석: 환경노동위원회」, 2017. 대한민국국회.
http://dlps.nanet.go.kr/DlibViewer.do?cn=MONO1201642590&sysid=nhn

대형 매스컴이 보도하지 않는 자민당 국회의원의 과반수가 2세, 3세라는 사실.
http://blog.livedoor.jp/aoyama211111/archives/51636750.html

도쿄 신주쿠 요츠야 3번가의 소방박물관
http://inoues.net/museum2/edo_fire.html

돌풍이란(일본 기상청)
http://www.jma.go.jp/jma/kishou/know/toppuu/tornado1-1.html

동경 한국 영사관 다녀오기
http://ldfree.blog.me/30025777628

東京名所八代洲町警視?火消出初階子?之?(일본 국립국회도서관)
http://dl.ndl.go.jp/info:ndljp/pid/1307304

레프 비고츠키 The Vygotsky Project
http://webpages.charter.net/schmolze1/vygotsky/

메이레키 대화재로부터의 부흥(도쿄도립도서관)
https://www.library.metro.tokyo.jp/Portals/0/edo/tokyo_library/machi/page2-1.html

무사시오부미에 보이는 메이레키 대화재와 속설『후리소데 화재』(소방방재박물관)
http://www.bousaihaku.com/cgi-bin/hp/index.cgi?ac1=R204&ac2=R20402&Page=hpd_view

"백제 목제품 재료가 일본산, 왜?" ≪뉴시스≫, 2010년 2월 16일.
http://news.naver.com/main/read.nhn?mode=LSD&mid=sec&sid1=103&oid=003&aid=0003092721

벼락의 관측과 통계(일본 기상청)
http://www.jma.go.jp/jma/kishou/know/toppuu/thunder1-1.html

'부친 후광' 2세 정치인 현주소. ≪일요시사 ≫.
http://www.ilyosisa.co.kr/news/articleView.html?idxno=132882

세계 총 인구 및 국가별 인구(월드뱅크)
https://data.worldbank.org/indicator/SP.POP.TOTL?page=2

세키가하라 전투(일본사학회, 『일본역사용어』, 세손출판사)
http://terms.naver.com/entry.nhn?docId=3352975&cid=58180&categoryId=58322

야후! 재팬 날씨 안내 페이지
http://weather.yahoo.co.jp/weather/

에도시대의 소방(일본 소방방재 박물관)
http://www.bousaihaku.com/cgi-bin/hp/index.cgi?ac1=R101&ac2=R10102&ac3=1108&Page=
hpd_view

'오보청 논란' 기상청 일기예보, 장마철 정확도 84.2% ≪문화일보≫, 2016년 7월 29일.
http://www.munhwa.com/news/view.html?no=2016072901033221084001

용오름 등의 돌풍 데이터베이스(일본 기상청)
http://www.data.jma.go.jp/obd/stats/data/bosai/tornado/index.html

일본 기상청 예산(2016년): 平成 28년 기상청 관계 예산 결정 개요
http://www.jma.go.jp/jma/press/1512/24a/28kettei.html

일본 기상청(태풍 발생 수 등)
http://www.jma.go.jp/jma/kishou/know/typhoon/1-4.html

일본 기상청의 역사
http://www.jma.go.jp/jma/kishou/intro/gyomu/index2.html

일본기상관측사
http://www.metsoc.jp/tenki/pdf/1968/1968_04_0176.pdf

일본신화(두산백과사전)
http://www.doopedia.co.kr

일본의 해안선 거리: 일본 해사광보협회
http://www.kaijipr.or.jp/mamejiten/shizen/shizen_21.html

[잇츠IT] 기상청 컴퓨터는 '슈퍼컴퓨터'가 맞을까. ≪문화일보≫, 2017년 7월 29일.
http://moneys.mt.co.kr/news/mwView.php?type=1&no=2017072715498076539&outlink=1

자위대: 각종 재해 등에 대한 대책
http://www.mod.go.jp/j/publication/wp/wp2013/pc/2013/html/n3118000.html

제1절 청년층을 둘러싼 사회경제 상황의 변화(일본 국토교통성)
https://www.mlit.go.jp/hakusyo/mlit/h24/hakusho/h25/html/n1111000.html

조선-양반 사회의 모순과 대외항쟁(국사편찬위원회)
http://db.history.go.kr/item/level.do?setId=2&itemId=oh&synonym=off&chinessChar=on&position=1&levelId=oh_012_0030_0020_0070

치매 사망자 10년새 2배로 … 자살률은 10대만 유독 늘어. ≪한국일보≫, 2017년 9월 22일.
http://www.hankookilbo.com/v/3f84a541236842eeaaae7e31eac94603

치바(千葉)현 무바라(茂原)시에서 발행한 돌풍(일본 기상청)
http://www.data.jma.go.jp/obd/stats/data/bosai/tornado/1990121104/list.html

협동 체조, 낮은 기술과 골절 주의. 피라미드 타워쌓기에서 사고 다발. ≪마이니치신문≫, 2017년 1월 5일.
http://mainichi.jp/articles/20170105/ddp/041/100/019000c

호남평야(한국학중앙연구원, 『한국민족문화대백과』, 한국학중앙연구원)
http://terms.naver.com/entry.nhn?docId=528043&cid=46617&categoryId=46617

황미리·용환진, "사내 예술교육 고갈되지 않는 창의성의 원천" ≪매일경제≫, 2011년 12월 16일
http://news.mk.co.kr/newsRead.php?year=2011&no=811376

지은이

심훈

언론사에서 자칭 '5천만' 한국인들을 대상으로 한 글쓰기를 업으로 삼다, 공부에 뜻을 두고 도미渡美했다. 이후, 소수의 독자들을 대상으로 한 학술용 논문에 매달리게 되면서 극極과 극極을 오가는 글쓰기를 경험했다. 대학에 돌아와 학생들의 글쓰기 교육을 담당하게 되면서, 언론사의 '쉬운 글'에 학자들의 '조리 있는 문장'을 접목시키고자 노력하고 있다. 연세대학교 신문방송학과를 나와 세계일보에서 근무하다 텍사스 주립대학교Univ. of Texas at Austin에서 언론 전공으로 박사 학위를 받았다. 현재 한림대학교 미디어 커뮤니케이션학부에 재직 중이며 2009년과 2016년에 일본 도쿄 게이오慶應 대학교와 일본 도쿄의 릿쿄立教 대학교에서 1년씩 객원 교수로 지냈다.

저서로는 『한국인의 글쓰기』, 『A+ 글쓰기』, 『글쓰기 콘서트 』, 『일본을 보면 한국이 보인다: 심훈 교수의 신일본견문록』, 『인터뷰 글쓰기의 정석』이 있다.

ⓒ 심 훈, 2018

지은이 | 심 훈
펴낸이 | 김종수
펴낸곳 | 한울엠플러스
편집 | 조수임

초판 1쇄 인쇄 | 2018년 7월 5일
초판 1쇄 발행 | 2018년 7월 25일

주소 | 10881 경기도 파주시 광인사길 153 한울시소빌딩 3층
전화 | 031-955-0655
팩스 | 031-955-0656
홈페이지 | www.hanulmplus.kr
등록 | 제406-2015-000143호

Printed in Korea.
ISBN 978-89-460-6512-3 03910(양장)
      978-89-460-6513-0 03910(반양장)
*책값은 겉표지에 표시되어 있습니다.